AI 시대의 실업 공포

AI 시대에
살아남기 위한 능력은
무엇인가?

NOURYOKU WO MIGAKU AI JIDAINI KATSUYAKUSURU JINZAI 'MITTSU NO NOURYOKU' by Hiroshi TASAKA
ⓒ Hiroshi TASAKA 2019, Printed in Japan
Korean translation copyright ⓒ 2022 by Wizplanet
First published in Japan by Nippon Jitsugyo Publishing Co., Ltd., Tokyo
Korean translation rights arranged with Nippon Jitsugyo Publishing Co., Ltd., Tokyo through Imprima Korea Agency.

이 책의 한국어판 저작권은 Imprima Korea Agency를 통해 Nippon Jitsugyo Publishing Co., Ltd.,과의 독점 계약으로 위즈플래닛에 있습니다.
저작권법에 의해 한국 내에서 보호를 받는 저작물이므로 무단 전재와 무단 복제를 금합니다.

AI 시대의 실업 공포
AI 시대에 살아남기 위한 능력은 무엇인가?

초판 1쇄 인쇄 | 2022년 1월 10일
초판 1쇄 발행 | 2022년 1월 15일

지은이 | 타사카 히로시
옮긴이 | 강은미
펴낸이 | 김휘중
펴낸곳 | 위즈플래닛
주소 | 서울시 양천구 목동 923-14 현대드림타워 1307호
       경기도 파주시 탄현면 방촌로 548(축현리 409) (물류-신한전문서적)
전화 | (직통) 070-8955-3716 / (주문) 031-942-9851
팩스 | 031-942-9852
등록 | 2012. 7. 23. 제2012-25호
정가 | 13,000원
ISBN | 979-11-88508-20-4 13330
인스타그램 | www.instagram.com/wizplanet_book/
페이스북 | www.facebook.com/wizplanet

위즈플래닛에서는 참신한 원고를 언제나 기다리고 있습니다.
원고 투고 및 문의 : leo45@hanmail.net

※ 잘못된 책은 바꾸어 드립니다.

■ 프롤로그

왜, 지금, 능력을 갈고 닦아야 하는가?

이 책의 제목을 보고 혹자는 의문을 갖게 될지도 모르겠다.
'아니, 능력을 갈고 닦는 것이 중요하다는 것을 모르는 사람이 어디 있나? 그런데 왜 굳이 지금, 이런 뻔한 주제를 들고 나왔을까?'라고 말이다.

그래서 그런 분들을 위해 본론부터 말해 두겠다. 앞으로 우리가 맞이할 시대는 지금보다 훨씬 더 능력을 갈고 닦는 것이 중요한 세상이 될 것이다. 그 이유로는 다음의 세 가지를 들 수 있다.

첫 번째, 급속한 능력의 진부화
두 번째, 학력 사회의 붕괴
세 번째, AI 시대의 도래

각각의 이유에 대해서도 간략하게 설명해 보도록 하겠다.

첫 번째 이유, 급속한 능력의 진부화

어떤 분야에서든 업무 성과를 높여 좋은 평가를 받길 원한다면 자신의 직업적 역량을 높이기 위해 최선을 다해야 한다는 건 누구나 아는 기본 중의 기본이다. 그런데 과거에는 젊은 시절 열심히 배우고 익혀 어느 정도 수준에 도달하게 되면 그 능력으로 평생 일을 계속할 수 있었다. 말 그대로 한 가지 기술이나 능력이 있으면 평생을 먹고 살 수 있는 시대였던 것이다.

하지만 현대 사회는 Dog Year(개의 수명 1년이 인간의 7년에 해당한다는 점에 정보화 사회의 급변을 비유한 말)이라는 말이 나올 정도로 인터넷 분야의 비즈니스나 기술이 엄청난 속도로 진화하는 시대이다. 즉, 과거에는 7년에 걸쳐 변화해 온 것들이 지금은 단 1년 안에 바뀐다고 말할 수 있을 만큼 사회나 시장, 산업과 직업의 변화 속도가 급속화된 시대인 것이다. 때문에 젊은 시절 고된 수련 과정을 통해 배우고 익힌 능력이라도 사회와 시장, 산업과 직업의 변화에 발 맞추지 못한다면 시대의 흐름에 뒤쳐진 진부한 능력이 되어 버릴 수밖에 없다. 따라서 누구든지 항상 새로운 능력을 갈고 닦아야만 하는 것이다.

게다가 이 문제를 더욱 절실하게 부각시키는 것이 바로 '100세 시대'라는 평균 수명의 변화라 하겠다. 물론 인간의 수명이 길어진 것은 감사한 일이다. 하지만 누구에게나 100년에 가까운 인생이 주어진다면 많은 사람들이 그 시간 동안 직업 자체를 바꾸는 일도 늘어날 것이고, 그때마다 그에 맞는 능력을 익히고 향상시키는 과정이 필요하게 될 것이다.

두 번째 이유, 학력 사회의 붕괴

21세기 현재의 일본 사회는 20세기 공업화 사회의 패러다임을 마치고, 이미 지식 사회 또는 정보화 사회도 넘어선 그야말로 '고도 지식 정보화 사회'에 접어들었다고 할 수 있다. 하지만 그럼에도 불구하고 현재 일본의 교육 제도를 살펴보면 여전히 공업화 사회 시절의 인재 육성 틀을 벗어나지 못하고 있는 것이 현실이다. 확실히 20세기 공업화 사회를 되돌아보면 일본의 교육 제도 안에서 육성된 고학력 인재들은 일에 있어서도 우수한 능력을 발휘하는 인재들이었다. 당시만 해도 '공부를 잘 한다'라는 것이 곧 '일을 잘 한다'라는 의미로 이어지는 시대였기 때문이다.

하지만 21세기 고도 지식 정보화 사회에 접어든 지금, 현재 일본의 교육 제도 안에서 육성된 고학력자들이 일에 있어서도 반드시 뛰어난 능력을 발휘하는 시대는 더 이상 불가능하게 되었다. 왜냐하면 고도 지식 정보화 사회 자체가 끊임없이 이노베이션이 일어나는 사회이며, 대기업이나 거대 조직보다 네트워크로 연결된 개인이 활약하는 사회이기 때문이다. 그래서 리더에게 요구되는 능력 또한 지식만이 아닌, 개인의 인간성이나 인간관계 역량을 통해 사람들을 하나로 모아 개개인의 능력을 최대한 이끌어 낼 수 있는 역량이 요구되는 사회이기도 하다.

따라서 앞으로 다가올 고도 지식 정보화 사회에는 이노베이션 대응 능력, 네트워킹 능력, 리더십 같은 능력을 갖춘 인재들이 필요하겠지만, 안타깝게도 현재 일본의 교육 제도로는 그러한 인재 육성을 기대하기가 어려운 게 사실이다. 때문에 현대 사회에서 고학력 인재들이 기대만큼 활약하지 못하는 상황이 종종 발생하기도 한다. 예전처럼 '공부 잘하는 사람이 일도 잘 한다'라고 말할 수 없는 상황이 되어 버린 것이다. 즉, 이러한 고도 지식 정보화 사회에서 '일 잘 하는 인재'가 되기 위해서는 학력이나 성적에 의존하지 않고, 직업 현장에서 요구되는 실질적 능력들을 갖추기 위해 노력하는 자세가 필요하다 하겠다.

세 번째 이유. AI 시대의 도래

사실, 우리가 앞으로 다가올 시대에 능력을 갈고 닦는 것이 중요해지는 이유 중 가장 중요한 부분이 바로 이 세 번째 이유일 것이다. 왜냐하면 인공지능(AI; Artificial Intelligence) 기술이 사회 전반으로 보급되게 되는, 이른바 'AI 시대'에는 지금까지 인간이 해 온 일들의 상당수가 AI로 대체될 것이기 때문이다. 따라서 앞으로 우리가 AI로 대체할 수 없는 능력, 즉 인간만이 발휘할 수 있는 고도의 능력을 익히고 향상시켜 나가지 않는다면 머지않아 다가올 'AI 실업'을 피하지 못하게 될 것이다.

지금까지 앞으로 다가올 시대에 능력을 갈고 닦는 것이 중요한 키워드가 되는 세 가지 이유에 대해 알아보았다. 그 중에서 역시나 가장 중요한 이유는 바로 'AI 시대의 도래'일 것이다. 실제로 요즘 'AI 실업'을 다룬 서적들이 눈에 띄게 많아졌다는 것을 알 수 있다. AI 도입과 보급으로 인해 어떠한 직업들이 AI로 대체될 것이며, 어떤 직종의 사람들이 실업자가 될 것인가 같은 이야기들이 주된 내용인 책들 말이다. 하지만 그러한 서적들이 앞으로 AI에 의해 어떠한 직업이 사라질 것인가에 대해서는 다양한 각도에서 이야기하고 있지만, 정작 AI 시대에 '도태되지 않는 인재' 나아가 '핵심 역할을 수행할 수 있는 인재'가 되기 위해서는 어떠한 능력을 어떻게 연마해 가야 하는지에 대해 다룬 책은 많지 않다. 그래서 이 책에서는 그런 이야기들을 다뤄 보고자 한다.

우선, 1장에서는 AI 시대가 도래함으로써 인재들에게 요구되는 능력이 어떻게 변할 것인가에 대해 알아보겠다. 그리고 2장에서는 학력 사회의 붕괴가 현재 어떤 식으로 진행되고 있는지에 대해 알아보도록 하겠다. 마지막으로 3장부터 5장에 걸쳐 AI 시대에 핵심 역할을 수행할 인재들이 가져야 할 '세 가지 능력'에 대해서 살펴보고, 그러한 능력을 갖추기 위해서 어떤 식으로 스스로를 단련해 나가야 하는지에 대해 알아보도록 하겠다.

그럼 1장에서는 AI 시대에는 도대체 무슨 일들이 일어날 것인가에 대한 이야기부터 시작해 보도록 하겠다.

목차

프롤로그   왜, 지금, 능력을 갈고 닦아야 하는가? • 3

제1장   고급 전문 인력의 절반이 실업자가 될 시대가 오고 있다

AI 혁명이 몰고올 상상 초월의 실업 대란 • 12
내 직업이 없어질지도 모른다는 위기의식을 갖는 사람들이 활약할 수 있는 시대 • 13
고도의 지식 정보화 사회에서 요구되는 다섯 가지 능력 • 16
인간이 AI를 절대 이길 수 없는 몇 가지 이유 • 19
논리에 강하다는 것만으로는 AI를 이길 수 없다 • 22
박학다식하다는 말이 더 이상 칭찬이 되지 않는 시대 • 24
AI가 숙련된 프로의 '촉'까지 대체할 수 있게 되다 • 26
코스트 경쟁에서도 인간은 AI를 절대 이길 수 없다 • 28
고급 전문직 인력뿐만 아니라 기업 내 '전문 지식 기반 업무' 인력들도
도태되는 시대 • 31
많은 전문가들이 AI 실업의 위기를 말하지만 정작 대처법은 가르쳐주지 않는다 • 33
어떻게 스스로 세 가지 능력을 키워 나갈 것인가? • 35
기업은 우리의 능력 개발을 도와주지 않는다 • 38
AI 혁명으로 도태될 위기에 처한 의외의 인재들 • 39

제2장   학력 사회는 이미 붕괴되기 시작했다

고학력 핵심 인재가 줄어든 이유 • 42
기업이 필요로 하는 인재와 실제로 활약하는 인재는 전혀 다른 사람들이다 • 43
고학력자들이 빠지기 쉬운 세 가지 상황 • 45
활약하는 고학력자들에게는 학력 이외의 특별한 능력이 있다 • 48

학력의 우수성을 전환하지 못하는 고학력자는 도태된다 • 49
여전히 사회에 만연한 고학력에 대한 환상과 도쿄대 신화 • 51
많은 고학력자들이 넘어서지 못하는 인간관계 능력의 벽 • 54
인사 팀이 고학력자를 채용하는 진짜 이유 • 57

제3장 AI 시대에 요구되는 '직업 능력'이란 무엇인가?

직업 능력이란 단순한 스킬이나 테크닉을 말하는 것이 아니다 • 62
역량을 갈고 닦을 때 빠지기 쉬운 '기술 편향적 의존증'이라는 함정 • 64
책 속에서 스킬이나 테크닉을 배울 수 있다는 환상을 버려라 • 66
자신이 가진 지식과 지혜의 차이를 명확히 구분할 수 있는가? • 68
우선 자신이 가진 '체험적 지혜'를 정리해 볼 것 • 72
능력의 차이를 결정짓는 5분의 반성 • 73
경험의 여운이 가시기 전에 '반성'의 시간을 가질 것 • 75
프로는 밤에 성장한다 • 77
최고의 스킬과 마인드는 스승을 통해서만 배울 수 있다 • 80
'지혜의 체득법'을 익혔다면 '지혜의 멘토링' 단계로 넘어갈 것 • 84
마침내 AI가 '지적 창조력'까지 발휘하는 시대가 올 것이다 • 86
실현 불가능한 아이디어는 무시되는 사회 • 88
세계 최고의 싱크탱크는 창의성이 아닌, 혁신성을 요구한다 • 90

제4장 AI 시대에 요구되는 '대인관계 능력'이란 무엇인가?

커뮤니케이션의 80%는 언어 이외의 요소를 통해 전달된다 • 94
언어를 사용하지 않고서 어느 정도 커뮤니케이션이 가능한가? • 97
AI는 따라 할 수 없는 '언어를 통하지 않는 커뮤니케이션' • 99
회의나 미팅 후에 반드시 해야 할 일, 미루어 짐작해 보기와 상상해 보기 • 100
AI는 절대 흉내 낼 수 없는 생생한 인간의 공감 능력 • 103

상대방의 공감을 얻으려 하기 전에 먼저 상대방에게 깊이 공감하라 • 106
'공감'이란 상대방의 모습에 자신을 투영시키는 것 • 107
'고생' 해보지 않은 사람은 진짜 '공감 능력'을 갖기 어렵다 • 109
젊은 시절의 고생, 정말 사서 해야 하는 것일까? • 110
'당신이라면 우리 심정을 이해해 줄 거라고 생각해요'라는
생산직 근로자의 한마디 • 112
부하직원들이 느끼는 '고생 한 번 안해본 상사'와 '고생 좀 해본 상사'의 차이 • 114
훌륭한 리더는 고생을 두려워하지 않으며 오히려 성장의 발판이 된다고 믿는다 • 116
참된 리더가 가져야 할 '궁극의 역경관' • 119

제5장 AI 시대에 요구되는 '조직 능력'이란 무엇인가?

매니지먼트 업무의 대부분도 AI가 대신하는 시대 • 122
인간에게만 가능한 '궁극의 매니지먼트'란 무엇인가? • 124
'마음을 매니지먼트한다'는 것은 '마음을 관리하는 것'이 아니다 • 125
리더의 마음자세가 '성장의 장'을 만들어 낸다 • 127
모든 리더들이 '카운셀러'가 되는 세상이 온다 • 129
경청이 불러오는 기적 • 130
AI 시대에 인간만이 수행할 수 있는 '세 가지 매니지먼트' • 134
사람의 마음을 사로잡는 '장악력' 혹은 카리스마 넘치는 '통솔력'도 이제는 옛말 • 135
'리더'란 회사가 선택하는 것이 아니라 부하직원들이 선택하는 것 • 137
팀원들의 마음을 움직일 수 있는 '비전과 뜻'을 제시할 수 있는가? • 139
자신의 일터를 눈에 보이지 않는 '성장의 장'으로 만들어 낼 수 있는가? • 140
부하직원이나 팀원의 '가능성'을 굳게 믿고 있는가? • 142
AI 시대의 새로운 리더상을 목표로 • 144

에필로그   'AI 실업'의 위기는 능력을 단련할 절호의 기회 • 146

감사의 말 • 150

제1장

고급 전문 인력의 절반이 실업자가 될 시대가 오고 있다

누구나 AI 실업을 이야기하지만
정작 그 누구도
대처법을 알려주지는 않는다

AI 혁명이 몰고올
상상 초월의 실업 대란

본론에 앞서 저자가 예측하는 미래의 모습을 감히 말하자면,

머지않아 AI 혁명의 폭풍우가 몰아칠 것이다. 그 결과 현재 우리의 예상을 훨씬 뛰어넘는 엄청난 실업 대란이 발생하게 될 것이다. 그러므로 우리는 폭풍우가 몰아치기 전에 AI와의 경쟁에서 도태되지 않을 고도의 능력을 갖춰야만 할 것이다.

이렇게 말하면 독자들의 반응은 크게 두 가지로 나뉘게 될 것이다.
"확실히 각종 서적이나 미디어에서 AI가 보급되게 되면 필요 없어지는 직업이 늘어날 것이라고 말하지만, 그래도 내 직업은 괜찮지 않을까?"
"앞으로 많은 직업들이 AI로 대체될 거라는데 내 직업이 그 중 하나가 될 수도 있잖아. 그렇다면 어떻게 해야 좋을까?"

지금 이 책을 손에 들고 있는 여러분은 아마도 후자의 생각을 마음 속에 품고 있는 사람들일 것이다. 그렇다면 여러분은 앞으로 다가올 AI 혁명의 폭풍우를 헤쳐나갈 마음의 준비가 되어 있다고 생각한다. 아니, 폭풍우를 헤쳐나갈 수 있을 뿐만 아니라 점점 AI 시대에 핵심 역할을 수행할 유능한 인재가 될 수 있을 것이라 생각한다. 왜냐하면 지금까지의 산업 역사를 되돌아봤을 때 급격한 기술 혁신의 폭풍우가 몰아칠 때마다 도태되고 사라져 버린 직업들은 늘 있어 왔다. 그런데 도태되고 사라져 버리는 직업을 가진 사람들에게는 사

실 공통적인 특징이 있는데 그것은 바로,

위기의 순간에 전혀 위기의식을 느끼지 못 한다는 것!!

안타깝게도 이런 점이 시대에 뒤떨어지는 사람들의 공통된 특징이라 할 수 있겠다. 반대로 말하면 필요한 타이밍에 적절한 위기의식을 갖는 것이야말로 우수한 인재가 되기 위한 필수 조건이라 할 수 있겠다.

내 직업이 없어질지도 모른다는
위기의식을 갖는 사람들이 활약할 수 있는 시대

2016년 저자는 한 단체로부터 강연 의뢰를 받은 적이 있다. 해마다 다양한 업계로부터 수많은 강연 의뢰를 받아 왔지만 그때만큼 저자를 깜짝 놀라게 한 적은 없었던 것 같다. 당시 강연을 의뢰한 단체는 도쿄 세무사 협회였는데, 담당자로부터 희망하는 강연 주제에 대해 듣고 매우 놀랐던 기억이 아직도 생생하다. 강연회를 주최하는 담당자는 진지한 얼굴로 이렇게 말했다.

"앞으로 다가올 AI 혁명으로 인해 저희 업계의 일들이 10년 이내에 절반 정도로 줄어들 거라고 생각해요. 그래서 앞으로 다가올 변화에 대비해 저희 세무사들이 어떠한 능력을 갖춰야 할지를 가르쳐 주셨으면 합니다."

이제껏 의뢰를 받은 강연 주제에는 미래 예측, 정보혁명, 지식 사회, 기업 경영, 일하는 방식 또는 인생을 살아가는 방식 등 다양한 테마들이 있었지만 이 정도로 절실한 위기의식을 바탕으로 의뢰를 하는 경우는 극히 드문 일이라 매우 놀라웠다. 게다가 도쿄 세무사 협회가 AI 혁명의 위협을 누구보다 빨리 인지하고, 그에 대한 구체적 대응책을 생각하고 있다는 것이 감탄스럽기까지 했다.

요즘은 갈수록 가속화되는 기술 혁신에 따라 다양한 사회적 변화들이 급속도로 일어나는 시대이다 보니, 그 결과 단기간에 하나의 시장이나 산업 또는 직종이나 업무가 없어지는 일이 다반사인 세상이 되어 버렸다. 하지만 앞서 말했듯이 이러한 변화 속에서 도태되는 기업이나 인재들은 애초에 그러한 변화를 위기로 받아들이지 않는 치명적 실수를 저지른 것이다. 그러니 위기를 극복하기 위해 필요한 대책조차 세우지 못한 것은 불을 보듯 뻔한 일일 것이다. 그런 의미에서 기민하게 위기의식을 느끼고 강연을 의뢰한 세무사 협회가 참 대단하게 느껴졌다.

향후 AI 기술이 급속도로 발달해 일상생활 전반에 보급되게 되면 사회나 기업의 존재, 일의 본질 자체가 극적인 변화를 맞이하게 될 것이다. 그리고 그 결과 필요한 인재상의 조건 역시 그 근본부터 바뀌게 될 것이다. 따라서 앞으로 10년 이내에 세무사나 회계사 업무의 절반이 AI로 대체될 것을 우려하는 도쿄 세무사 협회의 위기의식이 결코 기우는 아니라는 것이다. 이는 비단 세무사 업계만의 문제가 아니라 변호사나 법무사 등 소위 '사'자 돌림 직업으로 불리는 고급 전문 인력의 절반이 겪게 될 위기일 것이다.

게다가 이러한 위기는 '사자 돌림 직업'에 국한된 것이 아니다. 대기업 내에서도 '전문 지식을 기반으로 하는 업무'에 종사하는 사람들 역시 점점 AI에게 자신의 자리를 빼앗기게 될 것이다. 이를테면 은행에서 고객 심사 업무를 맡고 있는 사람들의 대부분이 실업자가 될 가능성이 있으며, 기업의 법무, 경리, 인사 담당자들 또한 AI에게 자신의 업무를 빼앗긴 채 울며 겨자 먹기로 다른 일을 찾아가야 하는 상황이 발생할 수 있다는 이야기이다.

하지만 그럼에도 불구하고 대기업에 다니는 많은 사람들은 여전히 머지않아 다가올 AI 실업의 공포를 전혀 인지하지 못하고 있다. 이는 일본 사회에 뿌리 깊게 내려진 '근거 없는 낙관론' 또는 '삶은 개구리 증후군' 같은 조직문화나 정서에서 비롯된 것이라 할 수 있을 것이다. 여기에서 '삶은 개구리 증후군'이란 뜨거운 물에 개구리를 던져 넣으면 깜짝 놀라 튀어나오지만, 미지근한 물에 넣고 서서히 열을 가하면 위험을 감지하지 못한 채 그대로 죽게 된다는 실험에서 온 심리적 경향을 일컫는 말이다. 즉, 변화하는 환경에 즉각 대응하지 못하면 큰 화를 입을 수 있음을 비유적으로 나타내는 것이다.

그렇다면 AI 기술이 발달함에 따라 대규모의 AI 실업이 일어나게 되는 이유는 무엇일까? 이를 이해하기 위해서는 먼저 다음의 두 가지를 생각해 볼 필요가 있다.

> 첫 번째   현재의 지식 노동 현장에서 요구되는 능력은 무엇인가?
> 두 번째   그러한 능력 중에서 앞으로 AI가 대체할 수 있는 것은 무엇인가?

먼저 '현재의 지식 노동 현장에서 우리 인간에게 요구되는 능력은 무엇인가?'에 대해 알아보도록 하겠다.

고도의 지식 정보화 사회에서 요구되는 다섯 가지 능력

요컨대 현재의 지식 노동 현장에서 우리에게 요구되는 능력은 다음의 다섯 가지이다.

첫 번째, 기초 능력

이는 지식 노동에 있어서 '집중력'이나 '지구력'을 의미하는 것으로 자신의 업무에 어느 정도 몰두할 수 있는지, 얼마나 지속시킬 수 있는지에 대한 능력을 말한다. '지적(知的) 스태미나'라는 표현으로 바꿔 말할 수 있다.

두 번째, 학업 능력

이는 단적으로 말하자면 '논리적 사고력'이나 '지식을 습득하는 능력'으로 현재 일본의 교육제도 안에서는 이런 능력이 높은 사람이 일류 대학에 진학해 소위 말하는 '고학력자' 인재가 되는 케이스를 많이 볼 수 있다. 일반적으로 '공부를 잘한다'라고 평가받을 수 있는 능력이다.

그런데 여기서 말하는 지식이란 언어로 나타낼 수 있는 것으로 서적이나 문헌을 통해 배울 수 있는 것을 의미한다. 즉, 책을 통해 알게 되는 '문헌적 지식'이라 할 수 있다.

세 번째, 직업 능력

이것은 실제로 '일 잘 하는 사람'으로 평가받기 위해 반드시 갖춰야 할 능력으로 예를 들면 어떤 일에 대한 해결 방법을 생각해내는 능력이나 기획력,

프레젠테이션 스킬, 영업 또는 협상 능력 등이 있다. 그런데 이러한 직업 능력의 기본은 '직관적 판단력'이나 '지혜의 체득 능력'으로 이는 학업 능력의 기본이 되는 '논리적 사고력'이나 '지식 습득 능력'과는 전혀 다른 훨씬 고도의 능력이라 할 수 있다.

여기서 말하는 지혜란 언어로 표현할 수 없는 것으로 경험이나 체험을 통해서만 얻을 수 있는 것을 의미한다. 다시 말해 '체험적 지혜'라고 할 수 있는 것을 말한다.

네 번째, 대인관계 능력

이것은 상대방의 생각이나 감정을 이해하는 능력, 반대로 상대방이 자신의 생각이나 감정을 이해할 수 있도록 전달하는 능력으로 한마디로 '커뮤니케이션 역량'을 의미한다. 고도 지식 정보화 사회에서 종종 그 중요성이 강조되고 있는 'Hospitality 능력(고객 서비스 역량)' 역시 그 본질은 커뮤니케이션 역량에 있다고 볼 수 있다. 흔히들 이러한 커뮤니케이션 역량에 있어 가장 고도의 능력이 필요한 부분이 말투나 단어의 선택 또는 대화의 기술 같은 언어적 부분이라고 생각하지만 사실은 그렇지 않다. 실제로 커뮤니케이션의 80%는 언어가 아닌 눈빛, 시선, 표정 또는 제스처, 자세, 그리고 분위기 같은 비언어적 부분이 차지하고 있다.

다섯 번째, 조직 능력

이것은 어떤 조직이나 팀의 리더가 되었을 때 적절한 조직 운용과 리더십을 통해 조직을 잘 이끌어 갈 수 있는지에 대한 능력을 말한다. 20세기 공업화 사회에서는 이러한 '매니지먼트 능력'이나 '리더십'이 리더들에게 부여된 권한이나 권력을 토대로 조직 구성원들이 리더를 따르게 만드는 일방적 능력이었다면, 21세기의 고도 지식 정보화 사회에서는 많은 사람들이 자발적으로 같은 목표를 향해 함께 나아가겠다는 생각을 갖게 만드는 리더 개인의 '인간성'이나 '인간관계 능력'이 중요한 시대가 되었다고 할 수 있다.

정리해 보면 고도 지식 정보화 사회의 지식 노동 현장에서 일하기 위해서는

첫 번째	기초 능력(지적 집중력과 지구력)
두 번째	학업 능력(논리적 사고력과 지식 습득력)
세 번째	직업 능력(직관적 판단력과 지혜의 체득 능력)
네 번째	대인관계 능력(커뮤니케이션과 고객 서비스 역량)
다섯 번째	조직 능력(매니지먼트 능력과 리더십)

이상의 다섯 가지 능력이 요구된다.

그렇다면 우리 인간에게 요구되는 다섯 가지 능력에 대해 앞으로 인간을 대신해 지식 노동 현장에 투입될 AI에게는 어떠한 능력들이 탑재되어 있는 것일까? 또한 그 능력들은 인간이 가진 능력과 비교했을 때 어떤 강점이 있을까?

인간이 AI를 절대 이길 수 없는
몇 가지 이유

이 부분도 간단히 요약해 보면 인공지능은 인간의 능력과 비교했을 때 압도적으로 강력한 몇 가지 능력을 가지고 있다.

첫 번째, 무제한 집중력과 지구력

이는 굳이 설명하지 않아도 모든 사람이 납득할 수 있는 능력일 것이다. 컴퓨터는 아무리 방대한 양의 정보라도 시간이 얼마나 걸리든 지치지 않고 처리할 수 있다. 하지만 인간이 가진 집중력과 지구력은 개인적인 차이는 있을지언정 한계가 있다는 건 명확한 사실이다. 따라서 AI와 비교 자체가 불가능한 것이다.

예를 들어 바둑 AI는 자기 자신과의 대국을 통해 배워나가는 '자기 학습'이 가능하며 하룻밤 사이에 수천 번의 대국도 집중력이 흐트러지는 일 없이 지치지 않고 실행할 수 있다. 이에 비하면 인간은 하룻밤 사이에 고작 몇 번의 대국이 가능한 정도인데다 시간이 흐를수록 집중력 또한 흐트러지기 쉬워 비교 자체가 성립될 수 없는 일이다.

두 번째, 초고속의 논리적 사고력

이 부분에 대해 인공지능이 얼마나 대단한 능력을 가지고 있는지가 알려지게 된 것은 1997년에 있었던 세계 체스 챔피언 가리 카스파로프와 AI 딥블루의 대결이 계기가 되었다. 이 대결에서 세계 최고의 두뇌를 가진 인간이 AI에게 무너져버린 결과도 충격적이었지만, 몇 수 앞을 읽어내는 논리적 사고력

면에서 '인간은 컴퓨터를 이길 수 없다는 두려움을 실감할 수 있었던 이벤트가 아니었나'라는 생각이 든다.

하지만 이 무렵만 해도 아직 '체스는 비교적 게임 방식이 단순하기 때문에 컴퓨터가 이길 수 있었을지 모르지만 장기나 바둑에서는 제 아무리 컴퓨터라도 인간을 이기긴 힘들 것이다'라는 생각이 지배적이었다. 그러나 불과 20년도 채 지나지 않아 AI가 장기에서도, 바둑에서도 인간을 이기는 일이 현실로 나타난 것이다. 이러한 사례들만 보더라도 이미 논리적 사고력 면에서 인간이 AI를 절대 이길 수 없는 수준까지 그 기술력이 발전했다는 것을 알 수 있다. 게다가 우리 인간들이 무엇보다 위협적으로 받아들여야 할 점은 비단 체스나 장기, 바둑 같은 게임 세상만이 아니라 일상적인 비즈니스 세계에서도 이러한 현상들이 실제로 일어나고 있다는 사실이다.

실제로 2015년부터 유럽이나 미국의 선진 법률 사무소에서는 이미 AI가 몇 백 페이지에 달하는 계약서 항목 중 재검토가 필요한 부분을 찾아내는 업무를 수행하고 있다. 예전 같으면 신입 변호사나 법률 사무 보조원들이 담당했을 업무 중 하나일 텐데 말이다. 또한, 600명의 트레이더들이 근무하던 미국의 한 금융계 기업에서는 AI가 도입되면서 현재는 단 2명만이 남아 일하고 있다고 한다.

그렇다면 수많은 직군 가운데 이러한 업무들이 AI로 빠르게 전환될 수 있었던 이유는 무엇일까? 그 이유 중 하나는 앞서 예로 든 두 가지 업무 모두가 '인간의 마음' 혹은 '고객의 마음'을 상대하는 업무가 아니라는 점이다. 다시 말해 인간의 마음이나 고객의 마음에 대처하기 위한 커뮤니케이션 기술이나 고객 서비스 역량을 필요로 하지 않고, 순수하게 논리적 사고력만으로 처리할 수 있는 업무이기 때문에 가능한 일이었다는 것이다.

하지만 이렇게 말하면 은행의 창구 업무나 호텔 프론트데스크 업무처럼 고객의 마음을 상대하는 서비스 관련 업무들은 AI로 대체될 일이 없는 것처럼 생각될 수도 있겠지만, 사실 이런 업무들조차 낙관할 수 있는 상황은 아니다. 왜냐하면 머지않아 AI도 음성 대화 기술의 향상 등을 통해 Hospitality적 대응이 가능하게 될 것이기 때문이다. 따라서 은행의 창구 업무에 대해서도 자산 운용 상담 업무 등에서 요구되는 높은 수준의 고객 서비스 및 응대 능력을 갖추지 못한 사람들은 기업의 비용 절감 측면에서도 조만간 AI에게 자신의 자리를 내어 주어야 할 상황에 처하게 될 것이다. 호텔의 프론트데스크 업무도 마찬가지로 단지 웃는 얼굴로 고객을 응대하는 수준의 업무 능력만으로는 AI 실업을 면하기 어려울 것이다.

최근 몇 년 사이, 메이저 은행들이 AI의 도입을 통한 경영 합리화 계획과 더불어 대규모 구조조정안을 발표하는 모습을 본 적이 있을 것이다. 이로 미루어 볼 때 앞으로 다른 업계에서도 대규모 AI 구조조정이나 AI 실업이 발생하게 될 것은 자명한 일이다. 그런데 그런 상황이 발생하게 되었을 때 많은 사람들이 자신의 직업을 잃게 되는 것 이상으로 심각한 문제가 그들이 다른 직종으로 옮겨갔을 때 '그 직종에서 요구되는 고도의 Hospitality 역량을 발휘할 수 있을까'라는 점이다.

앞으로 다가올 AI 시대에는 어떤 직종에서도 고도의 숙련된 Hospitality 역량이 요구되게 될 것이다. 그런데 이는 오랜 고객 경험을 통해 얻을 수 있는 능력으로 단기간의 속성 훈련으로 익힐 수 있는 것은 아니다. 바꿔 말해 한 직장 또는 한 분야의 직종에서 오랜 세월을 통해 익히지 못한 능력은 새로운 직장 또는 직종으로 옮겨간다 해서 하루 아침에 익힐 수 있는 것은 아니라는 점을 명심해야 한다는 말이다. 따라서 머지않아 다가올 AI 시대를 직시하고 있다면 어떤 직장이나 직종에서 일을 하고 있더라도 자신의 맡은 업무를 통해 Hospitality 역량을 키워 나갈 수 있도록 의식적으로 노력해야 할 것이다. 해당 부분에 대해서는 4장을 통해 좀 더 자세하게 이야기하도록 하겠다.

논리에 강하다는 것만으로는 AI를 이길 수 없다

요즘 서점에 가면 논리적 사고와 관련된 책들이 많이 나와 있는 것을 볼 수 있다. 이는 곧, 논리적 사고력을 단련하는 것이 직업인으로서의 능력을 높이는 데 매우 중요하다고 생각하는 사람이 많다는 것을 의미한다. 확실히 일을 하는 데 있어 기본적인 논리적 사고력은 필수 요소임에 틀림없다. 하지만 단지 논리적 사고에 강하다는 것만으로는 앞으로 다가올 AI 시대에 살아남는 인재가 되기는 힘들 것이다.

저자가 어렸을 때만 해도 주판 좀 튕기며, 빠르고 정확하게 계산할 수 있는 것만으로 '일 잘하는 사람'으로 평가받을 수 있었다. 하지만 이후 정보혁명이 일어나고 PC가 보급되기 시작하면서 더 이상 '암산이 빠르다', '계산이 정확하다'라는 것이 '일을 잘 한다'는 의미로 여겨지지 않게 되었다. 마찬가지로 앞으로 다가올 시대에는 논리적 사고가 중심이 되는 업무들이 점차 AI로 전환될 것이므로 단지 논리적 사고에 강하다는 것만으로는 '일 잘하는 사람'이라는 말을 듣기는 어려운 세상이 될 것이다.

실제로 미국에 있는 한 기업의 수리 공장에서는 고객이 제품 수리를 의뢰했을 때 AI가 제품의 설계 정보를 바탕으로 고장난 부분을 조사하는 논리적 순서와 효율적으로 수리하는 방법을 찾아내 현장에 지시하면 작업자들이 그대로 제품을 수리하고 있다고 한다.

이는 로봇공학 기술이 아직 인간이 가진 손끝의 섬세함을 따라잡지 못했다는 걸 나타내지만, 어떤 의미에서 보면 지식 노동을 AI가 담당하고 육체 노동을 인간이 담당하는 '인간과 기계의 입장이 역전'된 상황이기도 하다. 하지만 이 공장의 작업자들도 고도의 숙련된 기술을 갖고 있지 않다면 머지않아 로봇공학 기술의 발달과 함께 도태되고 말 것이다.

이러한 로봇공학 기술의 문제는 차치하더라도 다가올 AI 시대에 대비해 우리 인간들이 키워나가야 할 능력은 AI로 쉽게 대체 가능한 논리적 사고력이 아니라 고객의 지나가는 말 한마디, 표정 하나에서 고객의 감정을 민감하게 읽어내는 '직관적 판단력' 또는 '감각적 판단력' 같은 것이라 할 수 있겠다. 이러한 능력을 익히는 방법에 대해서도 4장에서 좀 더 구체적으로 알아보도록 하겠다.

우선 여기에서 우리가 이해해야 할 점은 우리 인간들이 그동안 익혀온 학업 능력의 한 축을 담당하는 '논리적 사고력'이 AI에게는 절대 상대가 되지 못한다는 점이며, 그렇기 때문에 우리의 업무 가운데 논리적 사고력만으로 수행할 수 있는 일의 대부분이 머지않아 AI로 대체될 수 밖에 없는 상황이라는 것이다.

박학다식하다는 말이
더 이상 칭찬이 되지 않는 시대

그렇다면 AI의 세 번째 강점은 무엇일까? 그것은 바로 '방대한 기억력과 검색 능력'이다.

원래 컴퓨터는 '데이터베이스'나 '지식베이스'라는 용어가 존재하듯이 방대한 데이터(정보)나 지식을 기억해두고 필요할 때에 순간적으로 찾아내어 제시해준다는 점에서 인간은 당해낼 수 없는 압도적 능력을 가지고 있다.

게다가 인터넷 혁명의 결과 'World Wide Web'이라는 말처럼 인터넷 세계 자체가 세상의 모든 정보나 지식을 기록하고 있는 '거대한 아카이브(보관소)'가 되어 현재의 초고속 검색 기술을 사용하면 눈 깜짝할 사이 전 세계에 존재하는 정보나 지식 중 필요한 부분을 찾아내어 제시해 줄 수 있게 되었다. 게다가 자동 번역 기술이 발달해 어떤 국가의 어떤 언어로 쓰여진 정보나 지식이라도 순식간에 필요한 언어로 번역해 제시해 주는 것도 가능해졌다.

그렇다면 그 결과 어떤 상황이 발생하게 되었을까?

'지식'이 가치를 잃게 되었다.

이렇게 말하면 말도 안되는 소리라고 하는 독자들도 있겠지만 현실이 그렇다.

저자가 젊었을 적에는 평소 꾸준한 독서와 학습을 통해 습득한 풍부한 지식을 토대로 이야기하는 사람을 보면 주변에서 "참 박학다식한 사람이야"라며 감탄하는 모습을 종종 볼 수 있었다. 그때만 해도 '박학다식', '박람강기(널리 읽고 잘 기억한다는 뜻으로 견문이 넓고 독서를 많이 해 지식이 풍부함을 이르는 말)' 같은 말이 칭찬의 의미였다는 것이다.

하지만 요즘처럼 스마트폰이 보편화된 시대에는 회의에서도 전문 지식이 필요한 경우 즉석에서 스마트폰으로 검색해 "그 부분에 대해 인터넷에서는 이렇게 나와 있네요"라고 말할 수 있게 되었다. 즉, 요즘은 스마트폰이나 PC로 누구라도 전 세계의 지식을 쉽게 검색할 수 있기 때문에 단지 전문 지식을 많이 알고 있다고 해서 칭찬받는 일은 보기 힘든 모습이 되었다. 다시 말해 '박학다식', '박람강기' 같은 칭찬의 말들이 사어(死語)가 되어 가고 있다는 것이다.

또한 영업 분야에서도 예전에는 베테랑 사원들이 상품에 관한 다양한 전문 지식을 미리 외워 두고, 고객에게 질문을 받으면 그 지식을 바탕으로 적절한 대답을 즉석에서 막힘없이 해내는 것을 최고로 평가했었다. 하지만 태블릿 등 정보 단말 기기가 보편화된 요즘은 신입사원이라도 고객에게 상품에 대해 설명하는 것이 어렵지 않은 세상이 되어 버렸다.

이처럼 정보혁명이 진행되면서 형성된 '지식 사회'가 실은 '지식이 중요한 사회'가 아니라 '지식이 가치를 잃어버린 사회' 그 이상도 이하도 아닌 사회가 되어 버린 것이다. 그렇기 때문에 앞으로 다가올 시대는 '전문 지식을 많이 알고 있다'는 것이 인재의 중요 가치가 되지 않는 세상으로 변화해 가게 될 것이다.

더군다나 이렇게 커다란 흐름 속에서 AI는 더욱 고도의 능력들을 발휘하게 되었다. 바로 '유사 검색' 또는 '연관 검색' 같은 기능들이 그것이다. 정확한 키워드를 지정하지 않더라도 AI는 우리가 필요로 하는 지식을 유추해내 연관된 지식을 검색하여 제시해 준다. 쉽게 말해 '센스 있는 개인 비서' 같은 역할을 해주는 셈이다.

실제로 현재 급속도로 보급되고 있는 인공지능 스피커 등의 정보 단말 기기는 조만간 직장이나 가정에서 이러한 센스 있는 비서 또는 집사와 같은 능력을 유감없이 발휘하게 될 것이다.

2013년에 공개된 영화 「Her」에서도 편지 대필업을 하며 살아가는 주인공을 대신해 AI가 대필 편지를 정리, 편집해 출판사로 보내는 등 말 그대로 '유능한 비서' 역할을 수행하는 장면들이 등장한다. 이는 더 이상 공상과학영화 속 한 장면과 같은 영화적 상상이 아닌, 머지않아 다가올 우리의 현실이라 말할 수 있겠다.

따라서 앞으로 다가올 시대에는 인간들이 그동안 익혀온 '지식 습득력'과 그에 기초한 '전문 지식' 역시 매우 높은 수준으로 AI가 대신하게 될 것이다.

AI가 숙련된 프로의 '촉'까지 대체할 수 있게 되다

지금까지 AI가 가진 세 가지 강점에 대해 알아보았다. 이 세 가지 강점을 이해하는 것만으로도 여러분은 지금까지 자신이 익혀온 '지적 집중력'이나 '지적 지구력' 뿐만 아니라 '논리적 사고력'과 '지식 습득력'의 대부분이 AI로 전환될 수 있다는 위기감을 느끼게 되지 않았을까 생각된다.

하지만 지금까지의 이야기는 앞으로 시작될 진짜 이야기의 서막에 불과하다. 왜냐하면 앞으로 AI의 능력은 더욱 더 인간이 가질 수 있는 최고 수준의 능력들을 능가해 나갈 것이기 때문이다.

이것이 바로 AI의 네 번째 강점이라고 할 수 있는 '분석력'과 '직관력'이다.

저자는 1987년 미국에 거점을 둔 세계 최대 기술 싱크탱크인 '바텔 기념 연구소'에 객원 연구원으로 참여한 적이 있다. 당시만 해도 AI 기술의 제2차 붐이라고 불릴 만큼 AI에 대한 관심이 높아진 시기여서 저자 역시 AI를 활용한 기술 개발 프로젝트에 참여하게 되었다.

하지만 당시의 AI는 '추론 엔진' 정도의 기술 수준에 불과해 아직 인간의 능력에는 훨씬 미치지 못하는 수준이었다. '논리적 사고력' 면에서도 아직 인간을 능가하지 못하는 부분이 많았고, '직관적 판단력' 면에서도 인간과는 전혀 비교 대상이 될 수 없는 상황이었다.

하지만 이후 30여 년의 세월을 거치며 급속하게 진보한 AI 기술이 지금은 '논리적 사고력'은 물론 인간이 가진 '직관적 판단력'까지도 대체할 수 있게 점차 발전하고 있다.

AI가 이렇게까지 발전할 수 있었던 배경에는 '딥러닝(심층 학습)' 기술의 실용화가 큰 영향을 미쳤다고 할 수 있겠다. 거기에 '빅데이터'라는 대량 데이터 처리 기술이 결합됨으로써 현재의 인공지능은 인간의 '직관적 판단력'에 상당하는 능력을 발휘할 수 있게 되었다.

예를 들어 이미 미국에서는 어떤 지역의 과거 범죄 데이터의 분석과 학습을 통해 AI가 특정 날짜와 시각에 범죄가 일어날 만한 장소를 예측해 그것을 토대로 경찰관들이 순찰을 시행함으로써 큰 범죄 예방 효과를 보고 있다고 한다. 또한, 일본에서도 특정 지역의 과거 도로 교통 정보와 고객 동향의 분석 및 학습을 통해 AI가 그 날, 그 시각에 택시를 어느 길로 운행하면 승객을 태울 확률이 높아지는지를 알려줌으로써 역시 큰 성과를 얻고 있다.

이러한 두 가지 사례는 과거에 오랜 세월 경험을 쌓아 온 베테랑 경찰관이나 택시 기사들이 발휘할 수 있었던 소위 '촉'이라 말하는 직관적 판단력을 빅데이터와 딥러닝 기술을 토대로 발전한 AI가 대신할 수 있게 되었다는 것을 시사하고 있다.

이처럼 AI가 체스나 장기, 바둑 세계에서 인간의 능력을 능가하게 된 것은 앞으로 시작될 AI 혁명 스토리의 서막에 지나지 않는다. 오랜 세월 동안 쌓아 온 경험치를 바탕으로 인간이 갖게 된 '직관'이라는 능력조차 AI가 대체하는 시대가 머지않아 본격적으로 막을 열기 위한 준비를 하고 있는 것이다.

앞으로는 기업의 인사 평가나 상품 개발, 공공기관의 정책 입안이나 예산 분배처럼 그동안 인간만이 할 수 있다고 여겨졌던 고차원적 업무들도 AI가 인간을 대신해 수행할 수 있게 될 것이다.

이런 상황에서 우리 인간들은 어떠한 능력을 익히고 향상시켜 나가야 할 것인가?

지금 이 순간 현 시대의 직업인 모두에게 이런 질문이 던져지고 있다.

코스트 경쟁에서도
인간은 AI를 절대 이길 수 없다

이제 여러분은 우리 인간들이 처한 현실을 충분히 이해하게 되었을 것으로 생각되지만 한 번 더 정리해 보자면, 1장의 서두에서 이야기한 대로 지식 노동 현장에서 우리 인간에게 요구되는 능력은 다음의 다섯 가지와 같다.

> 첫 번째   기초 능력(지적 집중력과 지구력)
> 두 번째   학업 능력(논리적 사고력과 지식 습득력)
> 세 번째   직업 능력(직관적 판단력과 지혜의 체득 능력)
> 네 번째   대인관계 능력(커뮤니케이션과 고객 서비스 역량)
> 다섯 번째   조직 능력(매니지먼트 능력과 리더십)

하지만 이 중 '기초 능력'과 '학업 능력'은 AI가 압도적으로 우세한 만큼 이러한 능력만 있으면 가능한 업무들은 빠른 속도로 AI가 그 자리를 차지해 가고 있다. 게다가 직업 능력의 중심이 되는 '직관적 판단력' 조차 상당 부분을 AI가 인간을 대신해 수행할 수 있게 되었다.

더욱이 이러한 능력에 대해서는 일단 AI와 경쟁이 붙는 순간 인간은 절대 이길 수 없다. 무한한 집중력과 지구력, 초고속의 논리적 사고력, 방대한 지식의 습득 속도 등 모든 면에 있어 인간의 능력은 AI의 상대가 될 수 없는 것이다.

또한, AI 기술은 대량 생산과 더불어 급격한 비용 절감 효과를 가져오기 때문에 코스트 경쟁의 관점에서도 인간은 절대 인공지능의 상대가 될 수 없다. 따라서 이는 대규모 AI 실업의 직접적 원인이 될 수밖에 없다. 기업 입장에서는 '능력' 측면에서도, '비용' 측면에서도 AI 도입이 합리적이라고 판단되면 바로 실행에 옮길 것이므로 결국 많은 사람들이 직장을 잃게 될 것이기 때문이다.

이러한 상황에서 자신이 근무하고 있는 기업이 교육 비용을 부담해 사원들을 'AI로 대체할 수 없는 숙련도 높은 능력을 가진 인재'로 재탄생시켜 줄 것을 기대할 수는 없는 현실이다. 왜냐하면 현재의 자본주의 체제에서 사원들을 해고하지 않고 그들을 위해 교육 비용을 부담해 줄 만큼 양심적인 기업들은 안타깝게도 시장의 코스트 경쟁에서 살아남기 어렵기 때문이다.

저자는 이러한 자본주의의 본질에는 비판적 입장이기에 「눈에 보이지 않는 자본주의」(동양 경제 신보사) 등의 저서를 통해 자본주의가 가야 할 본연의 길에 대해 줄곧 이야기해 왔다. 하지만 이 또한 아쉽게도 아무리 현재의 자본주의를 비판 한들, 눈 앞에 보이는 현실은 '합리적'이라는 미명 아래, 사원들을 해고하고 AI를 도입하겠다는 '자본의 논리'뿐이다. 우리 모두가 현실을 직시할 필요가 있다는 생각이 드는 부분이다.

참고로 AI 혁명에 관한 논쟁 중에는 'AI가 사회 전반에 보급되면 인간은 일하지 않아도 되는 시대가 올 것이다. 그러면 사람들은 정부가 지급하는 BI(Basic Income; 기본 소득)로 생활할 수 있는 사회가 될 것이다'라는 유토피아적 견해가 나오기도 하지만, 지금처럼 빈부 격차의 확대 또는 경쟁에서 밀린 약자들에 대한 냉혹한 현실을 자본주의 사회가 계속해서 묵인한다면 결코 그런 '이상향'은 실현되지 않을 것이다.

왜냐하면 현재의 자본주의가 기업에게 수익의 최대화를 요구하는 한 기업은 수입의 상당 부분을 세금으로 내야 하고, 그것을 BI의 재원으로 삼는 것을 용인할 수 없어 결국 이 제도의 도입에 강하게 반발하게 될 것이기 때문이다. 이것은 기업들이 법인세를 인상하는 정책에 늘 반대하는 것만 봐도 명확하게 알 수 있다.

이처럼 안타깝게도 기업은 사원의 재교육에 비용을 투자해 그들을 AI 실업으로부터 구원해 줄 생각이 전혀 없다. 따라서 현재의 자본주의가 기업에 요구하고 있는 '자본의 논리'를 직시한다면 우리는 기대감이나 환상이 아닌 현실적 각오를 분명히 해야 한다.

자신을 AI로 대체할 수 없는 '고도의 능력을 가진 인재'로 재탄생시킬 수 있는 것은 오직 자기 자신 밖에 없다. 바로 이런 각오 말이다. 결국 믿을 건 자기 자신 밖에 없다.

고급 전문직 인력뿐만 아니라
기업 내 '전문 지식 기반 업무' 인력들도 도태되는 시대

다시 한 번 중요한 이야기를 해보면 이 책의 1장 서두에서 도쿄의 세무사 협회의 사례를 통해 앞으로 다가올 AI 혁명으로 인해 소위 '사'자 돌림 직업이라 불리는 고급 전문직 인력들의 업무 중 상당 부분이 AI로 대체될 것이라는 이야기를 해보았다. 그 이유는 현재의 고급 전문직 인력들의 업무 중 많은 부분이 전문 지식과 논리적 사고를 바탕으로 이루어지고 있다는 점이다. 때문에 전문 지식과 논리적 사고의 활용에 있어 압도적으로 우세한 AI가 보급되면 이러한 직업의 절반이 도태될 것이라는 예측은 결코 과장이 아니다. 도쿄의 세무사 협회가 느낀 위기의식 역시, 실로 그런 부분에서 기인된 것이라고 하겠다.

이 책을 여기까지 읽은 여러분은 AI의 보급으로 인해 도태될 직업은 '사'자 돌림 직업뿐만이 아니라는 것을 이해하고 있을 것이다.
앞으로 AI 혁명의 폭풍우가 몰아치면 그 결과 대기업 혹은 공공기관 같은 곳에서도 전문 지식과 논리적 사고만으로 수행 가능한 업무의 상당 부분을 머지않아 AI가 그 자리를 대신하게 될 것이며 그 직종은 도태되어 갈 것이다.

그렇다면 AI 혁명이 일어나더라도 도태되지 않을 '사자 돌림 직업'이란 무엇이며, 기업 내 '전문 지식 기반의 직종'이란 무엇인가? 그리고 AI 혁명이 일어나도 도태되지 않을 '고도의 능력을 갖춘 인재'란 어떤 사람들일까?

답은 이미 명확하게 나와 있다. 앞서 이야기한 다섯 가지 능력 중 전자의 두 가지 능력만으로 가능한 업무를 해 온 직종의 종사자들의 대부분은 도태될 수 밖에 없다.

> 첫 번째   기초 능력(지적 집중력과 지적 지구력)
> 두 번째   학업 능력(논리적 사고력과 지식 습득력)

반대로 후자의 세 가지 능력을 토대로 하는 업무를 수행해 온 종사자들의 경우 이 세 가지 능력이 AI로 전환하기 어려운 능력인 만큼 앞으로 다가올 AI 혁명의 시대에도 도태되지 않고 살아남을 수 있을 것이다. 게다가 만약 이 세 가지 능력을 더 높은 수준으로 갈고 닦는다면 살아남는 차원을 넘어 다가올 시대에 역량을 한껏 발휘할 수 있는 인재가 될 수 있을 것이다.

> 첫 번째   직업 능력(직관적 판단력과 지혜의 체득 능력)
> 두 번째   대인관계 능력(커뮤니케이션과 고객 서비스 역량)
> 세 번째   조직 능력(매니지먼트 능력과 리더십)

그렇다면 이 세 가지 능력을 갖춘 인재란 어떤 사람들일까? 예를 들면 다음과 같은 사람들이다.

> 첫 번째 오랜 경험을 통해 쌓아온 고도의 프로페셔널 스킬을 제공할 수 있는 사람
> 두 번째 고객의 마음에 와 닿는 따뜻하고 섬세한 서비스를 제공할 수 있는 사람
> 세 번째 이러한 우수 인재들을 육성하고 활용할 수 있는 사람

이러한 인식은 비단 저자 혼자만의 생각은 아니다. AI 혁명에 대해 논하고 있는 해외 유수의 전문가들도 이와 같은 이야기들을 강조하고 있다. 그렇다면 세계적 전문가들이 말하는 AI 혁명 시대에 도태될 직종과 활약하게 될 인재상은 어떤지에 대해서도 살펴보도록 하겠다.

많은 전문가들이 AI 실업의 위기를 말하지만 정작 대처법은 가르쳐주지 않는다

사실 이번 주제는 매년 세계 각국의 대통령이나 총리를 비롯한 정재계, 학계의 대표들이 모이는 다보스포럼(매년 스위스 다보스에서 개최되는 세계경제포럼 연차총회)에서 몇 년에 걸쳐 논의가 진행되어 온 주제이기도 하다.

저자는 해당 회의를 주최하는 세계경제포럼의 Global Agenda Council의 멤버로 꽤 오랫동안 일해 오면서 이러한 논의에 대해서도 깊은 관심을 가지게 되었다. 이러한 논의를 요약해 보면 'AI가 대체할 수 없는 능력'에 대해 전 세

계 많은 전문가들이 공통적으로 다음의 세 가지 능력을 말하고 있다.

> 첫 번째　Creativity(창의력)
> 두 번째　Hospitality(고객 서비스 역량)
> 세 번째　Management(관리 능력)

즉, 세계의 많은 전문가들은 위의 세 가지 능력이야말로 인간만이 발휘할 수 있는 능력이며, AI 혁명의 시대에도 인간에게 요구될 고도의 능력이라고 강조하고 있는 것이다.

물론, 저자 역시 AI 혁명 시대에 이 세 가지 능력이 중요해진다는 점에 대해서는 전혀 이견이 없다. 왜냐하면 이러한 능력들이 결국 앞서 언급한 '직업 능력', '대인관계 능력', '조직 능력'에 포함되는 것들이기 때문이다.

먼저, 'Creativity(창의력)'이란 직관적 판단력에 기초한 지적 창의력을 의미하며, 이는 본서에서 언급한 '직업 능력'에 포함되는 능력이다. 또한, 'Hospitality(고객 서비스 역량)'란 그 근간에 추론적 사고력이나 상상력에 기초한 커뮤니케이션 능력이 내재하며, 역시 앞서 언급한 '대인관계 능력'에 포함되는 능력이다. 마지막으로 'Management(관리 능력)'란 인간관계 능력이나 개인의 인간성에 기초해 조직이나 팀을 운영하는 능력을 말하며, 본서에서 말한 조직 능력에 포함되는 능력이라 하겠다.

따라서 세계의 많은 전문가들이 강조하는 세 가지 능력은 모두 본서에서 언급한 '직업 능력', '대인관계 능력', '조직 능력'과 관련된 것들로 확실히 이러한 능력들을 갖추고 있다는 것은 앞으로 다가올 AI 혁명 시대를 살아가는 데 있어 유리한 조건 임에 틀림없다.

하지만 미래학이나 사회학, 경제학 또는 정보 과학 등 다양한 분야의 전문가들이 이러한 세 가지 능력의 중요성에 대해서는 역설하고 있지만 정작 '그럼, 어떻게 하면 그러한 능력을 익히고 향상시킬 수 있는가?'에 대한 해답을 제시해주지는 않고 있다.

이는 어떤 의미에서 보면 당연한 일일 수도 있다. 미래학자나 사회학자, 경제학자 또는 정보 과학자 등 다양한 분야의 전문가들은 다양한 사회 변화에 대해 매크로적 관점에서 관찰, 분석해 예측함으로써 예리한 통찰력과 뛰어난 식견을 드러낼 수는 있지만, 많은 경우 경영이나 노동 현장에서의 실전 경험이 없기 때문에 실무 현장에서 일하는 사람들이 구체적으로 어떠한 능력을 어떤 식으로 익히고 향상시켜 나갈 수 있는가에 대해서는 제대로 말할 수 없기 때문이다.

어떻게 스스로 세 가지 능력을 키워 나갈 것인가?

그렇다면 어떻게 '직업 능력', '대인관계 능력', '조직 능력' 이렇게 세 가지 능력을 단련해 나갈 것인가?
먼저 첫 번째 'Creativity(창의력)'는 어떻게 키워 나갈 것인가?
'AI 시대에는 인공지능으로 대체할 수 없는 창의력을 갖춰야만 한다'라는 전문가들의 말을 들으면 확실히 일리 있는 말이라는 생각은 들지만, 실제 현장에서 일하고 있는 입장에서는 '지식 노동 현장에서 요구되는 창의력이란 어떤 것인가?' 그리고 '그러한 창의력을 갖추기 위해서는 어떻게 하면 되는가?'라는 것이야말로 사활이 걸린 문제라 하지 않을 수 없다. 따라서 이런 중대한 문제에 대한 해답을 얻기 위해서는 우선 다음의 세 가지를 생각해 볼 필요가 있다.

> 첫 번째   현실 사회에서 일하고 있는 인간에게 있어 창의력이란 무엇을 의미하는가?
> 두 번째   창의력을 발휘하려면 어떤 능력들이 필요한가?
> 세 번째   어떻게 하면 평소 자신의 업무를 통해 그러한 능력들을 익힐 수 있는가?

본서의 3장에서는 위의 세 가지 질문에 대해 생각해 보면서 구체적으로 지식 노동 현장에서 요구되는 창의력을 어떤 식으로 익히고 향상시켜 나갈 것인가에 대해 이야기해 보도록 하겠다. 더불어 창의력에만 국한되지 않고 좀 더 확장시켜 다양한 직업 능력을 어떤 식으로 갈고 닦아야 할지에 대해서도 이야기해 보도록 하겠다.

다음으로 두 번째 Hospitality(고객 서비스 역량)는 어떻게 키워 나갈 것인가?
Hospitality라는 단어는 접객 또는 서비스 업종에서 자주 사용되는 말이다. 하지만 이러한 능력의 기본이 되는 것이 고객의 감정을 섬세하게 읽어내고, 고객에게 따뜻한 마음을 전달할 수 있는 커뮤니케이션 능력이기 때문에 결국 AI 시대에는 접객이나 서비스업뿐만 아니라 모든 직종에서 고도의 커뮤니케이션 능력이 요구되게 될 것이다. 따라서 고객 서비스 역량을 갖기 위해서는 다음의 세 가지를 생각해 볼 필요가 있다.

> 첫 번째   현실 사회에서 일하는 인간들에게 요구되는 커뮤니케이션 능력이란 무엇인가?
> 두 번째   커뮤니케이션 능력 중에서도 가장 고도의 능력은 무엇인가?
> 세 번째   그러한 고도의 커뮤니케이션 능력은 어떻게 하면 익힐 수 있는가?

이에 대해 본서의 4장에서는 위의 세 가지 질문에 대해 생각해 보면서 구체적으로 어떻게 하면 커뮤니케이션 능력을 익히고 향상시켜 나갈 수 있는가, 그리고 그것을 통해 어떤 식으로 '고객 서비스 역량' 또는 '대인관계 능력'을 향상시켜 나갈 것인가에 대해 이야기해 보도록 하겠다.

마지막으로 세 번째 Management(관리 능력)는 어떻게 키워 나갈 것인가?
Management라는 단어를 들으면 가장 먼저 떠오르는 직군이 매니저와 같은 관리직 직군일 것이다. 하지만 앞으로 다가올 AI 시대에서는 Management와 그 근간에 있는 리더십의 개념이 보다 성숙하고 발전된 개념을 의미하게 될 것이다. 따라서 매니지먼트 능력을 갖추기 위해서는 다음의 세 가지를 생각해 볼 필요가 있다.

> 첫 번째   '매니지먼트'의 개념이 어떠한 의미로 발전될 것인가?
> 두 번째   '리더십'의 개념은 어떠한 의미로 발전될 것인가?
> 세 번째   발전된 매니지먼트 능력과 리더십을 어떻게 키워 나갈 것인가?

이에 대해 본서의 5장에서는 앞의 세 가지 질문에 대해 생각해 보면서 구체적으로 어떻게 하면 고도 지식 정보화 사회에서 '매니지먼트 능력'과 '리더십'을 익히고 향상시켜 나갈 수 있는지, 그리고 그것을 통해 어떻게 '조직 능력'을 향상시켜 나갈 수 있을지에 대해 이야기해 보도록 하겠다.

기업은 우리의 능력 개발을 도와주지 않는다

그런데 여기에서 기업에 근무중인 독자들 중에는 또 다른 의문을 제기하는 분들이 있을지도 모르겠다.

"원래 직원들의 능력 개발은 기업이 지원해줘야 되는 부분이 아닌가요?"

확실히 저자가 사회에 첫발을 들인 38년 전에는 입사 후 기업들이 사원들의 능력을 시대에 맞게 개발, 향상시킬 수 있는 기회를 제공하고 이를 지원해 주었다. 실제로 저자는 입사 후 영업 부서에 배치되면서 몇 년에 걸쳐 프로 영업맨으로서의 '직업 능력'을 익히고 향상시킬 수 있었다. 동시에 고객 대응 경험을 통해 '대인관계 능력'도 연마할 수 있었으며, 이후 직장 내 리더로서 '조직 능력'의 기본도 익힐 수 있었다. 그 덕분에 이후 연구소로 이직했을 때에도 이러한 '세 가지 능력'을 활용해 커리어를 쌓아 갈 수 있었다.

하지만 앞에서도 이야기했듯이 안타깝게도 현재의 기업들은 설령 대기업이라 할지라도 점점 극심해져 가는 시장 경쟁 속에서 사원 교육에 눈을 돌릴 여유조차 갖기 어렵게 된 것이 현실이다. 다시 말해 단기적 수익의 극대화를 요구하는 금융 자본주의의 압박 속에서 시간과 비용을 들여 애정과 열의를 가지고 직원들의 능력 개발을 위해 노력할 기업이 없다는 뜻이다. 따라서 우리는 자신이 소속된 기업에 의지할 수도, 기대할 수도 없는 상황에서 스스로의 힘으로 이 세 가지 능력을 익히고 향상시켜 AI 혁명의 폭풍우를 헤쳐나가야만 하는 것이다.

하지만 '위기는 곧 기회다'라는 말도 있지 않은가. 위기라는 단어에는 위험과 기회라는 극과 극의 단어가 포함되어 있다. 때문에 만약 여러분이 앞으로 다가올 AI 혁명의 폭풍우가 몰고 올 공포를 직시하고, 그것을 극복하겠다는 굳은 결의와 스스로를 성장시켜 가겠다는 각오를 다진다면 반드시 AI 혁명 시대에도 역량을 발휘할 수 있는 인재가 될 수 있을 것이다.

AI 혁명으로 도태될 위기에 처한 의외의 인재들

그런데 여기에서 한 가지 더 냉혹한 예측을 감히 이야기해 보겠다. 그것은 바로 앞으로 다가올 AI 혁명의 폭풍우 속에서 도태될 가능성이 높은 인재들은 우리가 전혀 생각지 못한 뜻밖의 인재들이라는 점이다.

'고학력 인재들'이 바로 그들이다.

이렇게 말하면 믿을 수 없다는 반응이 나올 수 있겠지만, AI 혁명의 폭풍우가 몰아칠 미래를 낙관해 필요한 능력 개발에 태만한 나머지 도태될 가능성이 높은 사람들이 사실은 일류 대학을 졸업한 고학력의 우수한 인재들이라는 것이다.

그 이유는 무엇일까?

바로 현재 일본의 교육제도 안에서 육성된 고학력 인재들의 우수성이 사실은 급속도로 발달하고 있는 AI에 의해 대체 가능한 능력이라는 점이다. 더구나 고학력 인재들 중에는 AI 혁명의 폭풍우 속에서도 도태되지 않도록 능력을 단련하는 것을 어려워하는 사람들이 많다는 점도 한 가지 이유라 하겠다.

따라서 다음의 2장에서는 '고학력의 우수한 인재일수록 AI와의 경쟁에서 패배하게 된다'라는 제목을 가지고 이야기를 해보도록 하겠다.

만약, 이번 주제에 흥미가 없는 독자들은 2장을 건너뛰고 3장부터 다시 읽어 나가길 바란다. 3장부터 5장까지는 어떻게 하면 우리가 '직업 능력', '대인관계 능력', '조직 능력' 이렇게 세 가지 능력을 익혀 보다 고차원적 능력으로 발전시켜 나갈 수 있는가에 대한 이야기를 다루고 있다. 따라서 해당 내용이 궁금한 독자들은 곧바로 3장으로 넘어가 읽어 보는 것도 좋겠다.

제2장

학력 사회는
이미 붕괴되기 시작했다

고학력의 우수한 인재일수록
AI와의 경쟁에서
패배하게 될 것이다

고학력 핵심 인재가
줄어든 이유

앞으로 다가올 시대에는 고학력의 우수한 인재일수록 AI와의 경쟁에서 패배하게 될 것이다.

이렇게 말하면 많은 분들이 놀라거나 의구심을 가질지 모르겠다. 하지만 안타깝게도 이것이 바로 작금의 현실이다. 그 이유를 단적으로 말하자면 다음의 세 가지로 정리해 볼 수 있다.

첫 번째, 일본의 고학력 인재들의 우수성은 기본적으로 '기초 능력'과 '학업 능력' 부분에서의 우수함을 의미한다. 그런데 이 두 가지 능력은 AI가 가장 강점을 가지는 능력이기 때문에 이러한 능력만으로 일을 하는 사람들은 제 아무리 좋은 학벌과 스펙을 가졌다 할지라도 머지않아 AI에게 자리를 빼앗기게 될 것이다.

두 번째, 따라서 아무리 고학력자라 할지라도 '기초 능력'과 '학업 능력'의 우수성에 안주한 나머지 '직업 능력', '대인관계 능력', '조직 능력' 중 어느 하나라도 고도의 수준으로 익히지 않으면 머지않아 AI에게 도태되어 버릴 것이다.

세 번째, 현재 일본의 교육제도 안에서 자라난 고학력 인재들은 대부분의 경우 수험 공부에 많은 시간을 할애해왔기 때문에 초중고 시절 이 세 가지 능력의 기초를 익힐 기회를 많이 갖지 못했다. 때문에 이제 와서 새삼 이런 능력들을 익히려 하다 보니 많은 어려움을 느끼게 되는 것이다. 게다가 고학력 인재들은 자신이 이러한 세 가지 능력을 익히기 어렵다는 걸 느끼는 순간 무의식적으로 자신의 강점이기도 한 '기초 능력' 또는 '학업 능력'으로 회피해 버리는 경향이 강해져 세 가지 능력을 익히기 위한 노력을 게을리 하기 쉽다.

따라서 AI 혁명이 진전됨에 따라 현재 일본의 교육제도를 토대로 형성된 '학력 사회'는 AI에게 도태되지 않을 인재, 다시 말해 AI로 대체할 수 없는 '세 가지 능력'을 갖춘 인재를 키워낼 수 없기 때문에 머지않아 붕괴되게 될 것이다.

사실, 이미 일본의 '학력 사회'는 붕괴되기 시작했다.

기업이 필요로 하는 인재와 실제로 활약하는 인재는 전혀 다른 사람들이다

이렇게 말하면 놀라는 독자들이 분명 있겠지만, 학자나 관료 세계 등의 일부를 제외한 민간기업을 중심으로 하는 현실 사회에서 일본의 학력 사회는 이미 붕괴되기 시작했다.

그런데 저자의 이런 의견에 대해 여러분들 사이에서는 아마도 정반대되는 두 가지 반응이 나타날 것이다.

"말도 안돼. 아무리 그래도 합격 커트라인이 높은 일류 대학을 나온 고학력자들이 취업이나 이직할 때 유리한 건 사실이잖아"

"확실히 맞는 말인 것이 함께 일하는 직원들만 봐도 고학력이라고 해서 일을 꼭 잘 하는 건 아니더라고."

자, 그렇다면 이러한 두 가지 의견 중 어느 것이 정답일까? 사실, 두 가지 모두가 정답이라고 할 수 있다. 그렇다면 왜 이처럼 얼핏 보면 모순된 의견의 대립이 생기게 되는 것일까? 그 이유는 다음 두 가지 말의 의미가 혼동되어 사용되고 있기 때문이다.

'필요로 하는 인재'와 '활약하는 인재'

이 두 가지는 인재관에 대한 이야기를 다루고 있는 서적들에서 종종 같은 의미인 것처럼 혼동되어 사용되고 있지만 실제로는 전혀 다른 의미를 가지고 있다.

우선 '필요로 하는 인재'란 문자 그대로 기업에서 구인 수요가 있어 취업을 할 수 있게 되는 사람들을 말한다.

이에 비해 '활약하는 인재'란 자신이 일하는 기업이나 조직 또는 업무 면에서 리더십을 발휘할 수 있는 사람을 의미한다.

따라서 우리 사회의 냉엄한 현실을 이야기하자면 고학력자들이 기업이 '필요로 하는 인재'가 될 수는 있어도 그들이 '활약하는 인재'가 될 수 있다는 보장은 그 어디에도 없다는 것이다. 다시 말해 고학력자들이 취업이나 이직에 있어서는 유리한 것이 사실이지만 그 이후에 기업이나 조직 또는 업무 면에서 반드시 리더십을 발휘할 수 있을 거라고는 장담할 수 없다는 말이다.

실제로 고학력자라는 것만으로 우수한 인재일 것이라는 기대감에 채용되었지만 막상 업무에 투입해 보니 주위의 기대만큼 활약하지 못하는 사람들이 적지 않음을 알 수 있다. 때문에 실제로 직장 내에서 고학력자이면서 업무 성과를 내지 못하는 동료를 본 적이 있는 독자라면 "고학력자라고 해서 일을 꼭 잘 하는 건 아니다."라는 의견에 손을 들고 싶을 것이다.

그렇다 보니 이제껏, 아니 지금 이 시간에도 어딘가의 직장에서는 "아니, 저 사람 진짜 ○○대학교 출신 맞아?"라는 뒷담화가 벌어지고 있을지도 모른다. 이렇게 고학력자에 대한 기대감에서 나온 배신감 혹은 비난 섞인 뒷담화 말이다.

고학력자들이 빠지기 쉬운
세 가지 상황

아마 여러분들 중에도 직장 내에서 다음의 세 가지 상황에 빠져 있는 고학력자들을 본 적이 있을 것이다.

첫 번째는 창의적인 아이디어가 기대되는 상황에서 그 기대에 부응하지 못하는 고학력자들이다. 그리고 두 번째는 두뇌 회전이 빠르고 지식도 풍부한데다 언변까지 탁월하지만 왠지 모르게 주변 사람들이 멀리하는 고학력자들이다. 마지막 세 번째는 부하직원들을 이끌어 가야할 관리직의 자리에 있지만 리더십을 발휘하지 못하는 고학력자들이다.

저자 역시 오랜 세월 관리자나 리더, 그리고 경영자의 입장에서 다양한 인재들을 만나오면서 이 세 가지 상황에 빠져 있는 고학력자들을 많이 봐왔다.

예를 들면 사내 기획 회의에서 풍부한 전문 지식과 논리적 언변으로 모두의 관심을 집중시키지만 정작 기획 회의의 본질적 목적인 참신한 신상품 개발 아이디어는 내지 못하는 고학력 인재들이 그렇다. 또한 평소 부하 직원, 특히 여성 직원들에 대해 오만한 언행을 일삼던 유명 대학 출신의 한 직원의 경우 중요한 프레젠테이션을 앞두고 누구 하나 도와주는 사람 없이 밤 늦게까지 혼자서 회의 자료를 복사하느라 애를 먹는 일도 본 적이 있다. 게다가 팀장의 자리에 있으면서 회의 중 의견 대립이 일어났을 때 의견 조율을 잘 하지 못하거나 결정하기 힘든 중대 문제에 직면했을 때 자신의 책임하에 결단을 내리지 못해 팀원들의 신뢰를 얻지 못하는 고학력자들도 많이 봐왔다.

물론 이는 꼭 고학력자가 아니더라도 경험할 수 있는 상황이긴 하지만, 그들에 대한 주위의 기대가 높은 만큼 실망과 비난의 목소리도 커질 수밖에 없는 것이다.

그렇다면 이러한 고학력 인재들에게 부족한 능력은 무엇일까?

이미 많은 분들이 눈치를 챘겠지만 1장에서 이야기한 '지식 노동 현장에서 요구되는 다섯 가지 능력'인

> 첫 번째   기초 능력(지적 집중력과 지적 지구력)
> 두 번째   학업 능력(논리적 사고력과 지식 습득력)
> 세 번째   직업 능력(직관적 판단력과 지혜의 체득 능력)
> 네 번째   대인관계 능력(커뮤니케이션과 고객 서비스 역량)
> 다섯 번째 조직 능력(매니지먼트 능력과 리더십)

중에서도 후자의 세 가지 능력이 부족하다고 할 수 있겠다.

물론 고학력자들이 전자의 '기초 능력'과 '학업 능력'면에서는 매우 높은 수준의 우수한 능력을 갖추고 있다는 것은 누구나 인정할 수 있는 사실이다. 커트라인이 높은 일류 대학에 합격했다는 것 자체만으로도 힘든 수험 공부를 꾸준히 이어왔을 만큼 이미 뛰어난 '지적 집중력과 지구력'을 가지고 있다는 것을 인정받은 셈이기 때문이다. 게다가 어려운 입학 시험에 합격했다는 것은 '논리적 사고력'과 '지식의 습득력' 또한 우수하다는 것을 의미하기도 한다.

쉽게 말해 '논리적 사고력'이 우수하면 물리나 수학에서 높은 점수를 받을 수 있고, '지식 습득력'이 우수하면 역사나 생물, 화학, 영어 같은 과목에서 높은 점수를 따낼 수 있다는 말이다. 결국 이 두 가지 능력이 뛰어날수록 시험에 강해지고, 우수한 성적을 받아 일류 대학에 입학하게 된다는 것이 현행 입시 제도의 큰 틀이라 할 수 있다.

물론 AO입시(시험이 아닌 고등학교 성적이나 논문, 면접 등을 통해 입학하는 전형)나 추천 입학제도 도입 등 대학 입시 제도의 개혁을 통해 논리적 사고력과 지식 습득력만이 아닌 다양한 각도에서 수험생들을 평가해 선발하는 노력들이 시행되고는 있지만, 안타깝게도 대학 입시의 기본 틀은 크게 변하지 않고 있는 것이 현실이다.

활약하는 고학력자들에게는
학력 이외의 특별한 능력이 있다

이러한 일본의 교육 현실을 이해한다면 앞서 예로 든 고학력자들이 '활약하는 인재'가 되지 못하는 이유는 명확해질 것이다. 그들은 '기초 능력'과 '학업 능력'에 있어서는 매우 우수한 인재들이지만, 안타깝게도 다음의 세 가지 능력 면에서는 그렇지 못하다는 것이 바로 그 이유이다.

> 첫 번째   유연한 발상력과 기획력이라는 '직업 능력'
> 두 번째   인간관계를 원활하게 만드는 '대인관계 능력'
> 세 번째   조직 구성원들을 하나로 모아 이끌어 나가는 '조직 능력'

그렇지만 이는 어떤 의미에서 보면 너무나도 당연한 것이라 할 수 있다. 왜냐하면 이 세 가지 능력은 입시 위주의 교육 제도나 대학 교육 시스템 안에서는 절대 배울 수 없는 것들이기 때문이다. 이는 단순히 책이나 인터넷을 통해서 또는 학교 수업이나 강의를 듣는다고 해서 익힐 수 있는 능력이 아니며, 실제 업무 경험이나 대인관계, 조직 경험을 통해서만 배울 수 있는 능력이다.

그런데 이렇게 말하면 역시나 다음과 같은 의문을 가지는 독자들이 있을 것이다.

"고학력자라도 직장 내에서 자신의 역량을 한껏 발휘하고 있는 사람들도 분명 있잖아요?"

그렇다. 도쿄대, 교토대를 비롯한 일류 대학을 나온 고학력자들 중 직장 내에서 당당하게 자신의 능력을 발휘하고 있는 인재들도 분명히 있다. 게다가 수적인 면에서도 결코 적지 않은 고학력 인재들이 지금도 여러 현장에서 활약하고 있다.

하지만 이는 그들이 단순히 고학력자이기 때문은 아니다. 다시 말해 공부를 잘하고, 입시에서 좋은 성적을 받았기 때문이 아니라는 것이다. 이는 그들이 고등학교나 대학 생활을 통해 실제 사회에서 필요로 하는 '직업 능력', '대인관계 능력'과 '조직 능력'을 익혀 왔기 때문이라 할 수 있겠다.

예를 들면 학창 시절 동아리 활동을 통해 기획을 세우는 경험을 했다거나, 아르바이트 근무를 통해 고객 서비스 경험을 했다거나, 또는 스포츠 클럽에서 주장을 맡아 본 경험을 통해 얻게 된 능력이라는 것이다.

또한, 학창 시절에 이러한 경험을 할 수 있는 기회를 갖지 못했더라도 사회에 나온 이후 현장 경험이나 자신이 맡은 업무를 통해 이러한 능력을 얻고자 스스로가 노력해 온 결과라고도 할 수 있겠다.

어찌됐든 이러한 능력은 학창 시절 책을 많이 읽고, 학교 수업에 성실하게 참여했다고 해서 쉽게 익힐 수 있는 능력이 아니라는 것이다.

학력의 우수성을 전환하지 못하는 고학력자는 도태된다

그렇다면 근래에 이르러 고학력자들 중 '활약하는 인재'가 줄어든 이유는 무엇일까?

한 가지 이유로 성적 지상주의의 교육 현실을 들 수 있겠다. 일류 대학을 목표로 하는 상당수의 어린 인재들이 갈수록 극심해지는 입시 경쟁에서 이기기 위해 일찍부터 학원에 다니는 등 많은 시간을 학습에 할애하게 되면서 동아리 활동이나 아르바이트, 지역 연계 봉사 활동 같은 다양한 경험을 쌓을 수 있는 기회를 갖기 힘들어진다는 것이다. 그로 인해 실제 사회에서 요구되는 '직업 능력'이나 '대인관계 능력', '조직 능력'의 기초가 되는 부분조차 배우고 익힐 기회를 갖기 어려워지는 것이다.

평범한 삶을 살아 온 저자 자신도 지금까지 걸어온 인생을 돌이켜 보면 학창 시절 책이나 수업을 통해 배운 지식보다는 오히려 스포츠 클럽에서 있었던 팀원들과의 커뮤니케이션 경험이나 고등학교 시절의 학급 활동 또는 대학 시절 학생회 활동의 리더 역할을 수행하며 경험한 것들이 사회에 나왔을 때 실제로 도움이 되었다고 말할 수 있다.

이러한 현실을 이해한 독자들이라면 현재 일본의 '학력 사회'가 어떠한 인재들을 양산해내고 있는가를 알아둘 필요가 있다. 단도직입적으로 말해 현재 일본의 '학력 사회'에서 양산되는 인재들은 그야말로 '공부 잘하는 인재', '학력이 우수한 인재들'이라 할 수 있다.

하지만 과거의 공업화 사회와 달리, 현재의 고도 지식 정보화 사회에서는 '공부를 잘한다'는 것과 '일을 잘한다'는 것은 전혀 다른 차원의 능력이 되었으며, 이는 곧 '공부 머리'가 '일 머리'로 반드시 연결되는 것은 아니라는 의미이기도 하다.

따라서 고학력자이지만 실제 사회에서 활약하지 못하는 사람들은 이처럼 우수성을 전환시키지 못하는 다시 말해 학력면에서의 우수성을 직업적 우수성으로 전환시키지 못하는 사람들이라고 할 수 있겠다.

거듭 이야기했지만 제 아무리 엄청난 스펙을 자랑하는 고학력자일지라도 '직업 능력', '대인관계 능력', '조직 능력' 이렇게 세 가지를 갖추지 못하면 실제 사회에서 제대로 역량을 발휘할 수 없다는 것이다. 하지만 그럼에도 불구하고 세상에는 여전히 '고학력에 대한 환상'이 뿌리 깊게 존재하고 있다.

'학력이 높으면 성공할 수 있다'는 환상이 바로 그것이다.

그리고 이러한 환상을 대표하는 것이 '일류대학 진학이 곧 성공으로 가는 강력한 이동 장치'라고 믿는 이른바 '도쿄대 신화'라고 할 수 있다.

여전히 사회에 만연한
고학력에 대한 환상과 도쿄대 신화

최근에 눈에 띄는 텔레비전 프로그램이 있다. 바로 현역 도쿄대생들이 출연해 저명한 지식인이나 연예인과 지식 대결을 벌이는 퀴즈 프로그램이다. 마치 지식 자판기처럼 잘 알려지지 않은 지리나 역사에 관한 지식까지도 척척 대답을 해내는 도쿄대생들의 모습에는 혀를 내두를 정도이다. 또한 고난도의 논리적 사고가 요구되는 문제가 출제되더라도 순발력 있게 대답해 내기도 한다. 그래서 이런 모습을 바로 옆에서 지켜보는 다른 출연자들은 물론, 텔레비전 앞의 시청자들 모두가 "역시 도쿄대생들은 다르구나. 정말 머리가 좋네"라며 감탄을 연발하게 되는 것이다.

애초에 그러한 시청자 반응을 기대하며 제작된 프로그램이기에 저자 역시 시청자 입장에서 도쿄대생들의 해박한 지식이나 순간적 판단을 통한 논리적 사고력에는 감탄할 수밖에 없었다.

하지만 그와 동시에 오랜 세월 실제 사회를 경험해 온 사람으로서 이런 식으로 미디어를 통해 '도쿄대 신화'가 조장되고 있다는 점에 대해서는 거부감이 들기도 했다. 왜냐하면 '머리가 좋다', '정말 뛰어나다'라고 모두가 감탄해 마지않는 도쿄대생일지라도 과연 그들이 대학을 졸업하고 사회에 진출했을 때에도 지금처럼 모두가 감탄할 만한 활약을 할 인재가 될 수 있을지는 전혀 알 수 없기 때문이다. 이렇게 생각하게 된 이유는 다음과 같은 저자의 경험에서 비롯되었다.

사실 저자는 머리 좋은 도쿄대생들이나 우수한 고학력자들을 고등학생 시절부터 사회에 나와 정년을 맞이할 때까지 수도 없이 봐왔다. 물론 저자 자신이 그들처럼 뛰어난 고등학생은 아니었지만, 어쩌다 보니 대학 진학 코스를 밟게 되면서 1970년 도쿄 교육대학 부속 고등학교(현재의 츠쿠바 대학 부속 고등학교)를 졸업해 같은 해 도쿄대학교 이과대학 정보 계열에 입학하게 되었다. 대학 시절에도 특별히 뛰어난 학생은 아니었지만, 공학부를 졸업한 이후 대학원에 진학해 박사 학위를 취득하였다.

저자가 다닌 고등학교는 당시 한 반에서 3명 중 1명 꼴로 도쿄대학교에 합격하는 소위 진학률 높은 학교였다. 그런데 입학한 지 얼마 되지 않은 어느 날 지금까지도 저자의 뇌리에 강한 인상으로 남아 있는 한 가지 광경을 목격하게 되었다. 쉬는 시간 문득 교실 한 켠으로 눈을 돌리니 같은 반 친구 두 명이 칠판 앞에서 무언가에 대해 열띤 논쟁을 벌이고 있는 모습이 보였다.

무슨 일인가 싶어 칠판을 들여다 보니 다름 아닌 수학 문제를 두고 논쟁을 벌이고 있는 것이었다. 그런데 여기서 저자가 깜짝 놀란 이유를 이야기하자면 칠판에 쓰여진 수학 문제가 바로 대학 수학 문제였기 때문이다.

그들은 고등학교 1학년에 이미 고교 수학(당시에는 수학Ⅰ, 수학Ⅱ, 수학Ⅲ으로 구성됨) 단계를 마치고 대학의 고등수학(구체적으로 갈로아 이론; 프랑스 천재 수학자 갈로아가 정립한 이론)에 대해 열띤 논쟁을 벌이고 있었던 것이다. 그 모습을 본 순간 저자 자신이 지금까지 공부해온 수학에 대한 회의감과 절망감 같은 것을 느꼈던 기억이 아직도 생생하다.

그리고 또 다른 친구는 쉬는 시간에 엄청나게 두꺼운 세계사 관련 참고서를 저자에게 건네주며 "아무 페이지나 넘겨서 나오는 내용을 질문해 줘"라고 말하기도 했다. 책장을 넘겨보던 저자는 페이지 한 귀퉁이에 깨알 같은 글씨로 적혀 있는 유럽 왕조의 복잡한 가계도 중에서도 가장 눈에 띄지 않는 한 인물에 대해 질문했다. 속으로 '아무리 그래도 이건 모르겠지'라며 저자 나름의 회심의 일격을 가했지만 그 친구는 한치의 망설임 없이 정답을 이야기했다. 이후 몇 번 더 이 같은 질문을 던져 보았지만 어떤 페이지의 어떤 세세한 부분에 대해 물어봐도 결과는 마찬가지였다. 그 친구는 스스로 자신의 기억력에 대해 엄청난 자신감을 가지고 있었고, 저자 역시 거기에 대해서는 경의를 표할 정도로 대단하다고 느꼈다. 이후 그 친구는 도쿄대 문과 대학에 합격해 법학과로 진학했다.

하지만 누구나 부러워할 만한 우수성과 능력(수학으로 상징되는 논리적 사고력과 세계사로 상징되는 지식 습득력)으로 중무장한 그 친구들도 대학 졸업 후 사회에 나왔을 때 한 가지 냉혹한 현실을 통감했을 것이라 생각한다. 바로 학창 시절 아무리 공부를 잘했고 '머리 좋다'라는 말을 수도 없이 들을 만큼 '논리적 사고력'과 '지식 습득'에 탁월한 사람일지라도 그러한 능력만 가지고는 실제 사회에서 뛰어난 활약을 선보일 인재가 되기는 어렵다는 냉혹한 현실을 말이다.

물론 그렇다 해도 우리 세대에는 '논리적 사고력'과 '지식 습득력'이 뛰어나면 기업의 구인 시장이 필요로 하는 인재가 될 수는 있었다. 그래서 그런대로 취업의 기회를 잡을 수 있었던 것도 사실이다. 하지만 1장에서 이야기했듯이 머지않아 '논리적 사고력'과 '지식'이 필요한 업무들이 AI로 대체되어 갈 것이기 때문에 앞으로 사회에 진출하게 될 세대들은 그런 능력만 가지고 활약하는 인재는 물론 기업에서 필요로 하는 인재조차 되기 어려운 상황이 될 것이다.

그렇다면 실제 사회에서 '활약하는 인재'가 되기 위해서는 어떠한 능력이 필요할까?

많은 고학력자들이 넘어서지 못하는 인간관계 능력의 벽

이는 앞에서도 재차 강조해온 '직업 능력', '대인관계 능력', '조직 능력'이라는 세 가지 능력이라 할 수 있지만, 사실은 이 세 가지 중 그 어떤 능력에 있어서도 핵심이 되는 능력이 있다.

그것은 바로, 인간관계 능력!!

인간관계 능력이란 직장이나 조직 내의 상사나 부하 직원, 동료들, 외부의 거래처 직원들과 고객, 그리고 그 분야의 전문가들과 언론 등 자신의 업무와 관련된 모든 사람들과 원만한 관계를 형성할 수 있는 능력을 말한다. 따라서 해당 능력이 부족한 사람은 제 아무리 고학력의 높은 스펙을 가졌다 하더라도 사회생활에 다소 어려움이 따르는 일이 종종 일어나게 되는 것이다.

앞서 말했듯이 저자는 학창 시절 뛰어나게 공부를 잘하는 학생은 아니었지만 오랜 사회 경험을 통해 이 세 가지 능력의 중요성과 더불어 '인간관계 능력'의 중요성을 절실히 깨달아 왔다. 다시 말해 실제 사회에서 인간관계 능력 없이는 한 걸음도 앞으로 나아가기 힘들다는 냉엄한 현실을 뼈저리게 느껴 왔다는 의미이다.

하지만 이런 저자도 솔직히 말하면 학창 시절에는 '인간관계 능력'의 중요성 같은 건 생각해 본 적조차 없었다. 이와 관련된 학창 시절 에피소드를 하나 이야기해 보도록 하겠다.

저자는 대학 졸업 후 2년간 의학부의 연구생 생활을 한 적이 있었는데, 이때 지도해주신 분이 Y교수님이셨다. Y교수님은 어려운 의학 주제들을 쉽고 재미있게 설명해주시는 걸로 유명한 분이셨는데, 때로 강의 중간에 갑자기 말씀을 멈추시고는 온화한 미소로 학생들에게 이렇게 말씀하시곤 했다.

"여러분, 이런 전문 지식으로 아무리 머릿속을 채운다 해도 막상 사회에 나가보면 별로 도움이 안된다는 걸 알게 될 거예요. 사회에 나갔을 때 무엇보다 중요한 건 인간관계라는 걸 꼭 기억해 두길 바래요."

이 말씀을 들었을 때 실전 사회 경험이 전무했던 저자는 솔직히 속으로 이런 생각을 했다.

'교수님, 그래도 지금 전문 지식을 확실히 익혀 놓지 않으면 실제 현장에 투입되었을 때 제대로 일을 할 수 없지 않나요? 인간관계 같은 건 사회에 나가면 어떻게든 되겠죠. 그러니 아까 하시던 강의의 뒷이야기나 계속해 주시죠.'

이제서야 돌이켜 보면 그야말로 젊은 시절의 미숙하고 오만한 생각이었다는 말밖에 할 말이 없다. 그로부터 몇 년 뒤 대학원을 마치고 사회에 나왔을 때 Y교수님의 말씀이 얼마나 중요한 인생의 팁이었는지를 통감할 수 있었기 때문이다. 그러면서 사회에 나와 수많은 인간관계에 직면하게 될 때마다 마음속 깊은 곳에 큰 버팀목이 되어 주는 교수님의 말씀을 기억하며 인간관계에 대한 지혜를 배워나갈 수 있게 되었다.

또한 실제로 사회에 나와보니 회의 중에 아무리 풍부한 전문 지식을 가지고 논리적으로 이야기하더라도 그것만으로는 업무가 제대로 진행되지 않는다는 것도 알게 되었다. 업무를 원활하게 진행시키기 위해서는 무엇보다 회의에 참석한 사람들의 공감과 동의를 얻어 함께 해보자는 생각을 갖게 만드는 것이 중요하다는 것을 시간이 지날수록 더욱 절실하게 느껴왔기 때문이다.

결국 학력에 상관없이 우리가 사회에서 역량을 발휘하는 인재가 되기 위해서는 무엇보다 어려운 인간관계에 대처할 '대인관계 능력'을 가질 수 있도록 노력해야만 할 것이다. 그리고 더 나아가 하나의 조직이나 팀 안에서 동료들이 나와 함께 하겠다는 생각을 가질 수 있게 만드는 '조직 능력' 또한 익혀 나가야 할 것이다. 그리고 그러한 능력을 토대로 한 조직 운용이나 리더십에 대한 역량도 키워나가야 할 것이다.

인사 팀이
고학력자를 채용하는 진짜 이유

그런데 이렇게 말해도 여전히 독자들 중에는 이런 의문을 제기하는 사람들이 있을 것이다.

"그래도 아직까지 우리 사회에서는 고학력자들이 취업이나 이직에서 유리한 건 사실이지 않나요?"

확실히 맞는 말이다. 현재의 구인 시장에서 많은 고학력자들이 유명한 대기업에 채용되고, 이직에 있어서도 확실히 우대받는 게 사실이다.
그런데 여러분은 기업이 신규 채용, 혹은 중도 채용 시 고학력자들을 채용하는 진짜 이유를 알고 있는가?

저자는 한 금융계 연구소에 재직할 당시 부장으로서 인사 채용 업무를 담당한 적이 있었다. 수백 명이 넘는 지원자들의 서류를 심사하고 면접을 진행한 뒤 인사 팀장과 함께 그들의 채용 여부를 결정했다. 그러던 어느 날 한 도쿄대 출신 지원자의 채용 여부를 두고 고민을 하고 있는데 인사 팀장이 던진 말 한마디가 아직도 인상 깊게 남아 있다.

"그 정도면 채용해도 되지 않을까요? 머리는 좋으니 우선 뽑아 놓고 보죠?"

여러분은 이 말의 진짜 의미를 짐작할 수 있는가?

도쿄대 출신이라고 해서 '직업 능력', '대인관계'나 '조직 능력'이 뛰어나다는 보장은 그 어디에도 없다. 그러니 회사를 위해 활약할 인재인지 아닌지는 현장에 투입해 보지 않는 한 알 수 없는 것이다. 하지만 '학업 능력'은 있으니 (머리는 좋으니) 시키는 일은 착실하게 잘 수행해 낼 것이다. 그렇지만 창의력이나 리더십 같은 부분에서 기대 이하의 수준이더라도 그런 능력을 갖춘 인재들 밑에서 부하직원으로 일하게 하면 그만이다. 다시 말해 회사 입장에서는 앞에서 진두지휘해 나갈 장군이 될 인재는 아닐지라도 우수한 병사로서 잘 이용하면 되는 것이다.

이것이 바로 인사 팀장이 한 말의 속뜻이라 할 수 있다. 더군다나 이러한 사고 방식은 인사 팀장 한 명의 개인적 견해가 아니라 대기업의 많은 인사 담당자들이 가지고 있는 생각이기도 하다.

다시 말해 기업의 인사 채용에서 선택된 모든 인재들에게 장차 임원이나 핵심 리더가 되기를 기대하는 것은 아니라는 것이다. 물론 모두가 그렇게 될 필요는 더더욱 없다. 하지만 핵심 리더 밑에서 자신의 맡은 업무를 착실하게 수행해줄 병사들은 꼭 필요하다. 즉, 창의력이나 리더십은 부족하더라도 지시받은 업무를 정확하고 신속하게 실행할 수 있는 머리 좋은 직원들이 필요하다는 말이다. 그런 면에서 고학력자들은 기대했던 능력에는 미치지 못하더라도 영리한 부하직원으로서는 이용할 수 있으니 기업 입장에서는 채용하지 않을 이유가 없다는 것이다.

개인적으로 회사를 군대에 비유하는 것을 좋아하지는 않지만 고학력 인재들은 앞에서 언급한 '머리 좋은 병사'라는 말이 얼마나 무서운 것인지를 꼭 기억해 둘 필요가 있다. 특히나 요즘처럼 학력이 성공이나 출세를 보장해주지 않는 시대에는 더더욱 그렇다. 그런데 생각해 보면 앞서 소개한 인사 팀장의 채용 방식은 고학력자들에게는 구원의 손길과 같은 것이었다고 할 수 있을 것이다. 왜냐하면 비록 출세나 성공을 이루지는 못하더라도 고학력이라는 명석한 두뇌(학업 능력)를 인정받으면 기업이 채용해 주고 사회적으로도 생활을 영위해 나갈 수 있는 터전을 마련해주었기 때문이다.

하지만 안타깝게도 앞으로 다가올 시대에는 이런 구원의 손길을 기대하기는 어렵게 되었다.

1장과 2장을 모두 읽은 여러분은 이 말의 의미를 이해했을 것이다.

AI 혁명의 폭풍우 속에서 고도의 '직업 능력', '대인관계 능력', '조직 능력'을 갖추지 못한 사람들은 그들의 학력 수준에 상관없이 AI에게 자신의 일자리를 내줄 수밖에 없기 때문이다.

따라서 앞으로 다가올 시대에는 '논리적 사고력'이나 '지식 습득력'으로 대표되는 '학업 능력'만으로 업무를 수행해온 사람은 설령 그가 도쿄대 출신의 우수한 재원이라 할지라도 AI로 대체될 불필요한 인재가 돼 버린다는 말이다. 결국 자신의 학력에 안주한 나머지 다가올 사회에서 요구되는 '직업 능력', '대인관계 능력', '조직 능력'을 익히고 향상시키지 않는다면 아무리 고학력의 인재라 하더라도 사회로부터 도태되어 갈 것은 불을 보듯 뻔한 일이다. 게다가 이것은 비단 고학력자들만의 문제가 아니라 AI 시대에 지식 노동 현장에서 일하게 될 모든 사람들이 직면하게 되는 문제이기도 하다.

이러한 상황을 이해했다면 AI 혁명의 폭풍우가 몰아치기 전에 이 세 가지 능력을 익히고 향상시켜 나가는 것이야말로 우리에게 주어진 숙제라는 것을 인지했을 것이다.

그럼 어떻게 하면 '직업 능력', '대인관계 능력', '조직 능력'이라는 세 가지 능력을 익혀 나갈 수 있을 것인가?

다음에 나오는 3장부터 5장을 통해 그 해답을 찾아보도록 하겠다.

제3장

AI 시대에 요구되는
'직업 능력'이란 무엇인가?

지식 습득력보다
지혜의 체득과
멘토링 역량을 갖춰야 한다

직업 능력이란
단순한 스킬이나 테크닉을 말하는 것이 아니다

1장에서는 고도 지식 정보화 사회에서 지식 노동에 요구되는 다음의 다섯 가지 능력에 대해 알아보았다.

> 첫 번째   기초 능력(지적 집중력과 지적 지구력)
> 두 번째   학업 능력(논리적 사고력과 지식 습득력)
> 세 번째   직업 능력(직관적 판단력과 지혜의 체득 능력)
> 네 번째   대인관계 능력(커뮤니케이션과 고객 서비스 역량)
> 다섯 번째 조직 능력(매니지먼트 능력과 리더십)

또한 앞으로 다가올 AI 시대에는 이 중 '기초 능력'과 '학업 능력'의 많은 부분이 AI로 대체될 것이기 때문에 사회적으로 활약하는 인재가 되기 위해서는 '직업 능력', '대인관계 능력', '조직 능력'이라는 세 가지 능력을 익히고 향상시켜 나가야 한다는 점에 대해서도 이야기해 보았다.

그래서 지금부터는 '직업 능력', '대인관계 능력', '조직 능력'을 각각 어떻게 익히고 향상시켜 나갈 것인가, 그 방법에 대한 이야기를 해보고자 한다.

가장 먼저 직업 능력에 대한 이야기로 시작해 보도록 하겠다.

해당 능력의 본질에는 경험이나 체험을 통해서만 얻을 수 있는 '체험적 지혜'가 있는데, 이는 책을 통해 얻을 수 있는 지식과는 달라서 AI로 쉽게 대체할 수 없는 능력이다.

또한 이것은 우리가 실제로 직장에서 업무를 수행할 때 빠질 수 없는 기획력이나 프레젠테이션 능력, 영업 또는 협상 능력처럼 흔히 '○○력'이라고 불리는 능력들을 일컫는 말로 종합해 보면 '업무 능력'이라는 말로 바꿔 부를 수 있다.

다시 말해 실제 사회에서 '일 잘하는 인재'가 되기 위해 반드시 필요한 능력을 의미하며, 이를 갖추기 위해서는 일반적으로 업무와 관련된 스킬이나 센스, 테크닉 또는 노하우 같은 것을 익히는 일부터 시작해야 할 것이다. 예를 들면 '기획 노하우'나 '영업 테크닉' 같은 것들 말이다.

하지만 여기에서 한 가지 짚고 넘어가야 할 부분이 있다. 그것은 바로 '직업 능력'이란 단순한 스킬이나 테크닉을 의미하는 것이 아니라는 점이다.

사실 '직업 능력'이란 '기술'과 '마음가짐'이라는 두 가지 요소가 결합되어 만들어진 것이다. 이 중 '기술'이란 소위, 스킬이나 센스, 테크닉 또는 노하우라고 불리우는 것들을 말한다. 반면 '마음가짐'이란 마인드, 정신, 영혼, 개성이나 인성 같은 것들로 때로는 '마음의 자세'나 '각오' 같은 말로도 불리는 것들을 말한다.

따라서 여러분이 '직업 능력'을 익히고 싶다면 우선 스킬이나 테크닉 같은 '기술'을 배우는 것부터 시작하겠지만, 이를 한층 고차원적인 수준으로 강화하기 위해서는 마인드나 정신 같은 '마음가짐'도 병행해서 익혀 나가도록 노력해야 한다.

역량을 갈고 닦을 때 빠지기 쉬운
'기술 편향적 의존증'이라는 함정

그렇다면 '기술' 뿐만 아니라 '마음가짐'이 필요한 이유는 무엇일까?

예를 들어 '프레젠테이션 능력'을 향상시키고 싶은 사람이 있다고 가정해 보자. 이때 그는 먼저 자신의 프레젠테이션을 청취하게 될 사람들에게 나눠 줄 자료의 작성 방법이나 PPT 슬라이드의 작성 방법, 프로젝터 조작법부터 발성법이나 질문에 대한 대응 방법 등 전체적인 진행에 필요한 '기술'들을 익혀야 할 것이다. 이는 앞서 언급한 프레젠테이션에 있어서의 스킬이나 테크닉에 해당하는 것들이다.

그런데 이러한 스킬이나 테크닉을 익힌 이후 대부분의 사람들이 빠지기 쉬운 함정이 있는데, 그것은 바로 '기술에만 지나치게 치중하게 되는 것'이다.

예를 들어 고객들 앞에서 프레젠테이션을 하는 사람이 있다고 생각해 보자. 단정한 수트 차림의 그는 누구보다 유창한 말솜씨로 제품에 대한 소개를 하고 있다. 준비된 슬라이드 역시 한 눈에 내용을 알아볼 수 있도록 쉽고 깔끔하게 만들어져 있다. 그런데 한참 발표를 이어가던 그가 고객들의 반응을 살피려 시선을 돌리자 그의 눈에 들어 온 건 시큰둥한 표정으로 설명을 듣는 둥 마는 둥 하는 고객들의 모습이었다.

'도대체 다들 왜 이런 반응이지?'

발표를 마친 뒤에도 도무지 이유를 알 수 없는 그에게 한 선배가 다가와 조심스럽게 말하길

"○○씨 오늘 준비도 잘 되어 있고, 발표도 정말 잘 했는데 뭐랄까, 고객들을 대하는 태도에 위압감이 느껴진다고 해야 할까요? 물론 많은 정성과 열정으로 준비했다는 건 충분히 느껴졌지만 고객들로 하여금 이 제품을 꼭 사게 만들겠다는 생각이 너무 강했던 것 같아요. 그렇다 보니 오히려 고객들에게 거부감이 들게 하지 않았나 라는 생각이 드네요."

위의 이야기처럼 스킬은 괜찮은데 마음가짐이 은근히 오만하다거나 어떤 한 가지에 대해 지나치게 의식한다거나 하는 탓에 결과적으로 업무 자체가 잘 진행되지 않는 경우를 종종 볼 수 있다. 이러한 상황에 대해 '기술에 대한 편향적 의존증'이라는 말로 설명할 수 있겠다. 즉, '기술은 충분히 익혔지만 기술에만 지나치게 의존한 나머지 다른 중요한 것들을 습득하지 못해 결국 실패하게 되는 것'을 의미하는 것이다. 여기에서 말하는 중요한 것이란 바로 앞서 언급한 '마음가짐'을 말하며, 위의 프레젠테이션의 예시에서 보면 '귀한 시간을 내어 프레젠테이션에 참석해준 고객들을 향한 감사의 마음'이나 '자신의 프레젠테이션에 대해 미흡함을 받아들일 줄 아는 겸허함'을 갖는 것이라 할 수 있겠다.

결국 고도의 '직업 능력'을 가지길 바란다면 '기술'만이 아니라 '마음가짐'도 함께 키워나갈 필요가 있다는 것이다. 이는 앞의 예시에서 언급된 프레젠테이션 능력에만 국한된 것이 아니라 기획력, 영업 또는 협상 능력, 프로젝트 운용 능력 등 업무에 관한 모든 능력에서도 마찬가지라 할 수 있다.

책 속에서 스킬이나 테크닉을
배울 수 있다는 환상을 버려라

그리고 '직업 능력'을 익히고 향상시켜 나가기 위해서 이해하고 넘어가야 할 부분이 하나 더 있다. 이미 앞에서도 언급한 적이 있지만 아주 중요한 것이므로 여기에서 한 번 더 이야기해 두도록 하겠다.

그것은 바로 책을 읽는 것만으로 '직업 능력'을 익힐 수는 없다는 것이다.

즉, 스킬과 마인드라는 직업 능력의 본질은 '체험에서 얻을 수 있는 지혜'이기 때문에 이는 업무 현장에서의 경험이나 체험을 통해서만 터득할 수 있는 것이며, 책이나 인터넷 또는 미디어를 통해 익힐 수 없는 능력이다.

그런데 한편에서는 '일 잘하는 사람'이 되기 위해서는 이러한 '직업 능력'을 익혀 나가는 것이 필수 불가결하다는 사실이 많이 알려지면서 많은 사람들이 보다 빨리 이러한 능력을 익히고 싶어하는 경향이 강해졌다. 때문에 서점에 가면 '프로페셔널 기술'에 관한 책이나 기획력, 프레젠테이션 능력, 영업 능력 또는 협상 능력처럼 '○○력'이라는 제목의 책들을 많이 볼 수 있게 되었다.

물론 이러한 책들 가운데에는 각 분야에서 오랜 경험과 실력을 쌓아온 프로들이 쓴 것들이 많기 때문에 책을 통해 알게 된 스킬이나 테크닉을 실제 업무 현장에서 반복적으로 적용해봄으로써 나름대로 얻게 되는 부분도 분명 있을 것이다. 하지만 이러한 책들에는 커다란 함정이 숨어 있는데…

이러한 책을 읽는 것만으로 '○○력'을 가질 수 있게 될 것이라는 환상, 그리고 책을 다 읽고 났을 때 '○○력'을 갖게 되었다고 생각하게 만드는 착각이라는 함정이 바로 그것이다.

사실은 저자 역시도 때때로 이러한 함정에 빠질 때가 있다.

어느 날 집에서 프로야구 중계를 시청하고 있었다. 당시 해설자는 퍼시픽 리그(센트럴리그와 함께 일본 프로야구의 양대 리그 중 하나)에서 세 번이나 3관왕을 차지했던 오치아이 히로미츠(일본의 前 야구 선수이자 前 주니치 드래곤즈 감독. 현역 시절 일본 프로야구 최고의 인기를 자랑한 강타자) 씨였는데, 그날 시합에 등판한 투수가 날카로운 포크볼로 상대 선수를 삼진 아웃시키자 지켜보던 아나운서가 오치아이 씨에게 물었다.

"오치아이 씨라면 저런 날카로운 포크볼을 어떻게 치시겠습니까?"

이 질문에 대해 오치아이 씨는 이렇게 대답했다.

"아, 저런 포크볼은 쳐낼 수 있죠. 공이 날카롭게 떨어지니까 이미 떨어지고 나서는 칠 수가 없거든요. 그러니까 떨어지기 전에 치면 되는 거죠."

저자는 이 말을 듣는 순간 "음, 그렇게 하면 되겠구나"라고 자신도 모르게 고개를 끄덕이게 되었다. 하지만 곧바로 이 이야기가 갖는 무서움을 깨달았다.

왜냐하면 왕년의 강타자가 분석한 타격 비법을 들으니 왠지 저자 자신도 그 포크볼을 쳐낼 수 있을 것 같은 느낌을 받았기 때문이다. 실제로 저자 자신이 타석에 선다 하더라도 일반인의 타격 기량으로는 온 힘을 다해 배트를 휘두른다 한들, 공에 스치지도 못할 게 뻔한데 말이다. 하지만 '떨어지기 전에 치면 된다'는 말을 듣고 잠깐이지만 타격 비법을 터득한 것 같은 착각에 빠져 버린 것이다.

그런데 이는 저자뿐만이 아니라 프로의 스킬이나 테크닉을 터득하고 싶어

하는 사람들이 해당 분야의 프로들이 저술한 책을 읽으면서 종종 빠지게 되는 착각이자 함정인 것이다.

그렇다면 어째서 우리는 그러한 함정에 빠지게 되는 것일까?

자신이 가진 지식과 지혜의 차이를 명확히 구분할 수 있는가?

이것은 '지식'과 '지혜'의 차이를 이해하지 못하고 있기 때문이다.

주위를 둘러보면 의외로 많은 사람들이 이 두 가지의 의미를 혼동해서 사용하고 있다는 것을 알 수 있다. 그런데 '직업 능력'을 키워 나가기 위해서는 이러한 두 가지의 차이점을 이해하는 것이 매우 중요하다.

1장에서 말했듯이 '지식'이란 '언어로 표현할 수 있는 것'이며, 책이나 인터넷을 통해 배울 수 있는 것을 말한다. 따라서 이것은 책을 통해 배울 수 있는 '문헌적 지식'으로 바꿔 부를 수 있다. 한편 '지혜'란 언어로는 표현할 수 없는 것으로 경험이나 체험을 통해서만 터득할 수 있는 것이다. 따라서 이것은 다른 말로 '체험적 지혜'라고 할 수 있다.

부연 설명을 하자면 영국의 과학자이자 철학자인 마이클 폴라니는 그의 저서 「암묵적 영역」에서 '지혜'에 대해 '암묵적 지식(暗默知: tacit knowing)'이라 칭했으며, "우리 인간은 말로 설명할 수 있는 것보다 훨씬 더 많은 것을 알고 있다"고 한 그의 말처럼 우리 인간들은 말로는 표현할 수 없지만, 경험이나 체험을 통해 이미 개인에게 체화되어 있으나 겉으로는 드러나지 않는 많은 것을 알고 있다. 그리고 이를 예로부터 우리는 '지혜'라고 부르고 있는 것이다.

이에 대해 좀 더 구체적으로 이야기하면 예를 들어 어떤 사람이 '프레젠테이션 능력'에 관한 책을 읽었는데, 거기에 '프레젠테이션을 할 때에는 강약과 완급을 조절해 리듬감 있게 말하는 것이 중요하다'라는 문장이 있었다고 해보자. 그런데 이 문장을 읽고 의미를 이해하게 되는 것만으로는 프레젠테이션 기술의 한 가지를 '지식'으로만 기억하게 되는 것에 지나지 않는다고 할 수 있겠다. 다시 말해 '머리로만 이해한 것'에 불과하다는 것이다.

하지만 그가 이 책에서 제시한 조언들을 마음에 새기고, 실제 프레젠테이션에 의식적으로 적용시켜 보면서 책에서 말한 '리듬감'이 어떤 의미인지를 서서히 알아 간다면 그는 이 프레젠테이션 기술을 '지혜'로써 익혔다고 말할 수 있을 것이다. 즉, '몸으로 익힌', '체득한' 것이라고 할 수 있다.

다시 말해 '직업 능력'을 갖기 위해서는 가장 먼저 '지식'과 '지혜'의 차이점을 이해해야 한다는 것이다.

그러나 안타깝게도 독서왕, 학습왕이라는 별명으로 불릴 만큼 평소의 독서량이나 학습량이 많은 사람일수록 이 두 가지의 의미를 혼동하는 경향이 있다. 예를 들면 다양한 책을 통해 '기획 노하우'를 배운 사람은 그것을 단순 '지식'으로 머릿속에 입력시키는 것만으로 스스로가 '지혜'를 터득했다는 착각에 빠지기 쉽다는 것이다.

물론 이는 독서왕 또는 학습왕 같은 사람들에게만 나타나는 착각이 아니다. 사실 우리들 중 상당수는 교과서나 참고서를 통해 빠르고 정확하게 '지식'을 외우는 것이 '우수한' 학생의 척도가 되는 학창 시절을 경험해 왔기 때문에 실제 사회에 나와서도 새로운 '지식'을 알게 되는 순간, 중요한 무언가를 터득했다고 여기게 되는 습성이 몸에 베어 있기 때문이다. 그렇다 보니 사회에 나와서도 이러한 습성에서 헤어나오지 못하는 사람들은 상사로부터 '머리로 이해했다고 해서 전부가 아니야'라는 말을 종종 듣게 되는 것이다.

또한 간혹 텔레비전 프로그램이나 강연회에 어떤 분야의 프로가 나와 자신의 노하우나 일에 대한 마음가짐에 대해 이야기하면 그의 말 한마디 한마디를 놓치지 않고 받아 적으려는 사람들이 있다. 물론 배우고자 하는 자세만큼은 칭찬할 만하지만, 대다수의 경우 프로가 이야기하는 '지혜'를 단순히 '지식'으로써 종이 위에 옮겨 적고 있는 사람들이라는 것이다. 이때 진정으로 프로의 '지혜'를 터득하게 되는 사람들은 메모보다는 오히려 머릿속에서 자신의 과거 경험들을 떠올려 보거나 프로의 경험에 감정을 이입해 이를 토대로 시뮬레이션 해보는 사람들이라 할 수 있겠다.

예를 들어 프레젠테이션의 달인이라 불리는 어떤 전문가가 프레젠테이션 스피치의 리듬감에 대해 이야기하면 며칠 전 자신이 실제로 진행한 프레젠테이션을 돌이켜보며, '내 프레젠테이션 스피치에 리듬감이 있었는가?'를 되짚어 보는 사람이야말로 제대로 프로의 '지혜'를 터득해 나갈 수 있는 것이다.
이렇게 말하면 다음과 같은 의문을 제기하는 독자가 있을 것이다.

"단순히 지식을 배우게 된 것을 스스로가 지혜를 터득했다고 착각한 사람은 실제 업무 면에서 자신이 가진 스킬이나 테크닉을 제대로 활용하지 못하고 결국 난관에 봉착하게 되지 않을까요?"

맞는 말이다. 하지만 문제는 그 이후이다.

바로 지식과 지혜를 제대로 구별하지 못하는 사람은 어떠한 난관에 봉착했을 때 다시 '지식'을 추구하는 단계로 되돌아 가버리기를 반복하게 된다는 것이다. 다시 말해 실패의 원인을 자신의 지식 안에서 찾으려 이치적으로만 생각하다 보니 결국 자신의 경험을 바탕으로 생각해 보지 못한 채 다시 새로운 지식을 추구하게 되는 악순환이 반복된다는 의미이다. 그래서 많은 사람들이 어떤 전문가의 책을 통해 익힌 스킬을 실제 상황에서 제대로 활용하지 못했을 때 또 다른 전문가의 책을 찾게 되는 것이다. 그리고 이것은 뒤에서 이야기할 '지혜를 체득하는 법'을 익히는 데 있어 큰 장애물이 되기도 한다.

따라서 만약 '직업 능력'을 익히고 싶다면 '책을 통해 지식을 습득하는(배우는) 것'과 '경험을 통해 지혜를 체득하는(터득하는) 것'은 전혀 다르다는 것을 마음에 새겨 두어야만 할 것이다. 게다가 이는 결코 '직업 능력'에만 국한되는 이야기가 아니라 '대인관계 능력'이나 '조직 능력' 역시 경험을 통해 얻어지는 '체험적 지혜'라는 점도 명심해야 된다.

특히 앞으로 다가올 시대에는 점점 더 '지식'과 '지혜'를 명확히 구별하는 것이 중요해질 것이다. 이는 1장에서도 말했지만 앞으로 우리 인간들은 '지식을 배워 활용하는 것'에서 AI를 절대 이길 수 없는 세상을 향해 가고 있다. 그러므로 앞으로 다가올 시대에는 '책을 통해 지식을 배우는 것'보다 '경험을 통해 얼마나 많은 지혜를 터득했느냐'가 인간의 존재 가치가 된다고 할 수 있겠다.

우선 자신이 가진
'체험적 지혜'를 정리해 볼 것

　이를 이해했다면 AI 시대를 앞둔 지금 우리가 해야 할 일은 자신의 경험이나 체험을 통해 터득한 '체험적 지혜'를 정리해 보는 일일 것이다. 다시 말해 지금까지 일을 하면서 겪은 다양한 경험들을 되돌아보며 자신이 어느 정도의 '체험적 지혜'를 터득했는지 하나하나 살펴봐야 한다는 말이다.

　만약 여러분들 가운데 영업직에 종사하는 분이 있다면 예를 들어 '신상품 발표회에서 리듬감 있는 프레젠테이션 스피치를 할 수 있는가?', '고객의 기분을 섬세하게 읽어낼 수 있는가?'와 같은 구체적 관점에서 자신이 터득해 온 '체험적 지혜'를 하나하나 되짚어 봐야 할 것이다. 또한 기획 부서에서 일하는 독자들이라면 '기획 회의에 참여한 멤버들에게서 아이디어나 의견을 잘 이끌어 낼 수 있는가?' 혹은 '회의에서 나온 다양한 의견들을 원만하게 정리해 하나로 수렴할 수 있는가?' 등의 질문을 통해 자신이 가진 '체험적 지혜'를 살펴봐야 하겠다. 그리고 그런 과정을 통해 '자신의 부족한 부분 또는 앞으로 수행해야 할 과제'에 대해 명확히 고찰하여 자신의 평소 업무 현장에서 이를 극복할 수 있도록 의식적으로 노력해야 할 것이다.
　물론, 이렇게 말하면
　"그야, 직업인으로서 너무 당연한 말 아닌가요?"라고 말하는 독자들이 분명 있을 것이다.
　그렇다. 방금 이야기한 일련의 과정은 어떤 분야의 프로페셔널이 되고자 하는 사람에게 있어서는 그야말로 기본 중의 기본인 '초급 과정'이며, 자신의 일에 열정을 가진 직업인이라면 의식적으로든 무의식적으로든 이미 이런 과정들을 밟아 가고 있을 것이다.

따라서 여기에서 중요한 포인트는 '초급 과정'을 하루빨리 마치고 '중급 과정'으로 올라가야 한다는 것이다.

그렇다면 '체험적 지혜'를 익히고 향상시키기 위한 '중급 과정'에는 어떤 미션이 있을까?

그것은 바로 '지혜를 체득하는 법'을 익히는 것이라 하겠다.

이것은 '지혜를 터득하기 위한 지혜', 다시 말해 '상위 인지 레벨의 지혜'를 의미한다. 이에 대해 좀 더 자세히 이야기해 보도록 하겠다.

능력의 차이를 결정짓는
5분의 반성

사실 '지혜를 체득하는 법'을 아느냐, 모르느냐에 따라 직업인으로서의 성패가 크게 갈리게 된다.

왜냐하면 '직업 능력'을 비롯해 '대인관계 능력', '조직 능력' 모두 '경험'을 통해서만 터득할 수 있는 지혜이지만, 사실 이러한 지혜는 단지 업무 현장을 수없이 경험한다고 해서 얻을 수 있는 것은 아니기 때문이다.

실제로 이 사회에는 한 직종에서 다양한 '경험'을 쌓아왔음에도 불구하고 그 직종에서 필요한 '기술'이나 '마음가짐'을 충분히 겸비하지 못한 사람들을 의외로 많이 볼 수 있다.

예를 들면 10년 이상 영업직에서 근무했지만 막상 부하직원에게 영업 노하우나 마음가짐을 지도하는 입장이 되었을 때, 자신이 맡은 역할을 제대로 수행하지 못하는 사람들이 그렇다. 이런 사람들의 대부분은 별다른 노력없이 영업 매뉴얼에 써 있는 대로만 반복해서 업무를 수행해온 사람들로 안타깝지만 '경험은 풍부하지만 직업 능력은 부족한 사람들'이라고 말할 수밖에 없다.

그런데 이런 사람들이 생겨나는 이유는 무엇일까?

그 이유는 바로 이런 사람들은 '경험'을 '체화(體化)'시키지 못하기 때문이다.

단지 타성에 젖어 업무 경험을 쌓고 있을 뿐, 그 '경험'에서 터득해야 할 '지혜'를 영리하게 얻어내 이를 자기 것으로 만들지 못하기 때문이라는 말이다.

그렇다면 어떻게 하면 '경험'을 '체화'시킬 수 있을까?

그 해답은 바로 '반성'이라 할 수 있다.

다만 여기에서 '반성'이라 말하면 오해하는 분들이 있을지도 모르겠다. 왜냐하면 많은 사람들이 '반성'이라는 행위를 '후회' 또는 '참회'와 같은 행위로 혼동하고 있기 때문이다.

그런데 '반성'이란 지나간 일에 대해 뉘우치는 '후회'나 자신의 잘못됨을 인정하는 '참회'와는 전혀 다른 것이다.

이것은 업무 경험에서 얻은 지혜를 통해 자신을 성장시켜 가기 위한 구체적이면서 과학적인 방법이다. 즉, 업무적으로 어떠한 경험을 했을 때 그걸로 끝나는 게 아니라 마음속에 다시 상기시켜 그 경험을 통해 어떠한 '지혜'를 터득했고, 어떠한 '노하우'나 '마음가짐'을 익히게 되었는지를 되돌아보는 것이라 하겠다. 마치 바둑에서 한 번 두고 난 바둑의 판국을 다시 처음부터 놓아 보는

'복기'와 같은 것이다.

사실 매사에 '반성'해보는 시간을 갖는 것만으로 직업 능력이 확연하게 강화되는 것을 느낄 수 있다. 심지어 많은 시간과 노력을 요구하는 행위도 아니다. 단 5분이라는 짧은 시간으로도 '반성'의 효과를 얻을 수 있다. 예를 들어 잠자기 전에 오늘 있었던 회의에서 자신이 했던 프레젠테이션을 돌이켜 보는 잠깐의 시간을 갖는 것만으로 오늘의 업무 '경험'을 '체화'시킬 수 있다. 그리고 그 경험을 통해 터득한 '지혜'나 '기술', '마음가짐' 같은 것들을 확실히 자기 것으로 만들 수 있게 되는 것이다.

그렇다면 어떻게 하면 효과적으로 '반성'할 수 있을까?

경험의 여운이 가시기 전에 '반성'의 시간을 가질 것

여기에서는 두 가지 이야기를 해보도록 하겠다.
첫 번째는 '반성'을 진행하는 방법에 대한 이야기인데 이에 대해서는 먼저 '기술'적인 부분부터 돌아보고, 그 다음에 '마음가짐'을 되돌아보는 방식으로 진행하는 것이 좋겠다.
프레젠테이션을 예로 들면 우선, 슬라이드 작성 방식이나 자료 준비 면에서 미비했던 점은 없었는지 또는 알기 쉽고 리듬감 있는 스피치를 진행했는지 등 같은 부분들을 되짚어 보며 반성해보는 것이다.

그리고 나서 '고객에게 위압적인 태도를 취하진 않았는지', '제품을 판매하겠다는 생각에 지나치게 집착하지 않았는지', '고객의 초보적인 질문에 대해서도 성심껏 응대했는지' 그리고 '프레젠테이션을 빨리 끝내기 위해 급하게 서두르지는 않았는지'처럼 스스로의 마음가짐 측면에 초점을 두고 반성의 시간을 갖는 것이다.

이와 같이 '기술'에서 '마음가짐'으로 반성의 초점을 이동시키는 것을 통해 때로는 '마음가짐의 문제'가 '기술적인 문제'를 야기한다는 것을 깨닫게 되는 경우가 있다. 예를 들면 '시간이 촉박해서 프레젠테이션을 서둘러 마무리 지으려다 보니 나도 모르게 말이 빨라지게 되는' 그런 상황 말이다.

두 번째는 '반성' 타이밍에 대한 이야기로 이에 대해서는 크게 두 가지 방법이 있다.

한 가지 방법은 업무 직후에 대화를 통해 반성하는 것이다. 이것은 사내 회의나 고객 대상의 발표회 또는 거래처와의 미팅을 마친 직후 그 자리에 동석했던 상사나 선배 또는 동료들과의 대화를 통해서 반성의 시간을 갖는 것을 말한다.

다음은 한 신입사원이 거래처에 신제품 관련 프레젠테이션을 마치고 회사로 복귀하는 택시 안에서 그 자리에 동석한 부장님과 나눈 대화 내용이다.

신입사원   부장님, 아까 제가 제품 사양에 대해 설명할 때 거래처 분들의 표정이 별로 좋지 않아 보였거든요. 혹시 제 설명에 이해하기 어렵다거나 부족했던 부분이 있었나요?

부장님	이해하기 어렵다기보다는 말이 좀 빨라서 제대로 내용 전달이 잘 되지 않았던 것 아닐까요?
신입사원	아, 그랬군요. 사실 거래처 부장님께서 계속 시계를 확인하시길래 덩달아 마음이 급해져서 저도 모르게 말이 빨라진 것 같아요.
부장님	네, 충분히 그럴 수 있죠. 하지만 그럴 때는 말의 속도를 빠르게 해서 모든 내용을 전달하려고 하기보다는 명확한 목소리로 요점만 짚어서 말하는 게 더 효과적으로 전달될 수 있어요.

위의 대화처럼 업무 직후에 대화를 통한 반성의 시간을 갖게 되면 아직 회의 상황이나 대화 내용 등에 대한 기억이 선명하게 남아 있기 때문에 구체적인 반성이 가능하다.

또한 함께 업무에 참여한 상사나 선배, 동료 혹은 부하직원들의 의견도 들을 수 있어 다양한 관점에서 되돌아보고 반성해 볼 수 있으며, 자신보다 경험이 풍부한 상사나 선배들로부터 조언을 얻을 수도 있다는 장점이 있다.

그럼, 두 번째 방법은 무엇일까?
그것은 바로 '한밤중의 반성 일기'라는 방법이다.

프로는
밤에 성장한다

이 방법은 하루 일과를 마치고 혼자만의 시간을 갖게 되었을 때 그날 있었던 회의나 프레젠테이션 등을 떠올려 보고, 자신의 업무 기술과 마음가짐을 되짚어가며 반성한 부분을 기록해 보는 것이다.

사실, 어떻게 보면 별것 아닌 것 같지만 이러한 습관을 가지는 것만으로 우리의 직업 능력은 한층 성장해 간다는 것을 알 수 있다.

실제로 저자 자신도 학창 시절부터 '반성 일기'를 기록하는 습관을 갖기 시작해 사회에 나와서도 10년 넘게 이 습관을 이어 왔다. 그리고 '반성 일기'를 기록하는 습관이 자신에게 프로페셔널로 향한 길을 열어주었다고 확신한다.

그런데 '업무 직후의 대화를 통한 반성'과 '한밤중의 반성 일기' 이 두 방법을 듣고 다음과 같은 근본적 의문을 갖는 독자들이 있을 것 같다.

"아니, '체험적 지혜'라는 것은 본래 언어로 나타낼 수 없는 것이라면서요? 그렇다면 업무 중 터득한 지혜도 말로 표현할 수 없는 것 아닌가요? 그런데 왜 반성하는 방법에 있어서는 '말로 표현하는 것'이 중요하다고 하는 건가요?"

확실히 '언어로 표현할 수 없는 지혜'를 말로써 되돌아본다는 것 자체가 얼핏 모순된 행위로 생각될 수 있을 것이다. 하지만 실제로는 함께 일한 사람들과의 대화를 통해서 또는 반성 일기를 통해 한 가지 경험에서 배운 기술이나 마음가짐을 '언어'로 나타내는 노력을 하다 보면 자연스럽게 '언어적으로 표현할 수 없는 지혜'가 마음속에 떠오르는 것이라 하겠다.

이와 관련해 영국의 철학자 루드비히 비트겐슈타인은 자신의 저서 「논리철학론」에서 다음과 같이 이야기하고 있다.

"우리 인간은 언어로 표현할 수 있는 것들을 모두 말했을 때 언어로 표현할 수 없는 것들을 깨닫게 되는 경우가 있다."

이 말의 의미를 이해하기 위해 앞에서 살펴본 거래처와의 신상품 설명회를 마친 신입사원과 부장님의 대화를 좀 더 살펴보도록 하자.

신입사원 그러고 보니 아까 설명회에서 거래처 분들이 질문하셨을 때 '제가 너무 급하게 대응한 건 아닌가?'라는 생각이 들어요. '한 호흡 쉬고 좀 더 여유 있게 대응했으면 좋았을 텐데'라는 아쉬움이 드네요.

부장님 그때 ○○씨의 대응이 급해진 것은 예상치 못한 날카로운 질문에 순간적으로 당황한 나머지 침착함을 잃어버렸기 때문이라고 생각해요.

이 대화를 통해 신입사원은 본래 언어로 표현할 수 없는 '한 호흡 쉬고 말하기'라는 스킬이나 갑작스러운 질문에도 '침착함을 잃지 않아야 한다'는 마음가짐이 마음속에 명확한 이미지로 남게 될 것이다.

이것은 비유하자면 깊은 우물에서 물을 퍼 올리는 것과 비슷하다. 우물 위쪽의 물(언어로 표현할 수 있는 것)을 퍼 올리다 보면 자연히 깊은 우물 바닥에 있던 물(언어로 표현할 수 없는 것)이 위쪽으로 차 올라와 이미 우물 위쪽의 물을 퍼 올린 경험을 통해 얻은 감각으로 쉽게 퍼 올릴 수 있게 되는 것이다.

이런 의미에서 보면 반성은 '비트겐슈타인적 기법'이라고도 할 수 있겠다.

그리고 반성에 있어 중요한 것은 '어떠한 관점에서 반성할 것인가?'라는 것이다.

예를 들어 거래처와의 협상 미팅이 순조롭게 진행되지 않았을 때 '프레젠테이션 자료의 작성 방식에 문제가 있었다'라는 관점에서 반성하는 것과 '고객의 감정을 살펴가며 설명을 했어야 했는데 그렇지 못했다'라는 관점에서 반성하는 것은 터득할 수 있는 지혜의 깊이 면에서 큰 차이가 나게 되는 것이다.

그런 의미에서 여러분이 '업무 직후에 대화를 통해 반성'하는 방법을 택한다면 풍부한 경험과 실력을 겸비한 상사나 선배로부터 조언을 얻는 것뿐만 아니라 '어떤 관점에서 반성할 것인가'를 배우는 것도 중요하다 하겠다.

그리고 이처럼 '뛰어난 프로에게서 배운다'는 것은 '반성'과 더불어 '지혜의 체득 방법'에 있어 중요한 테크닉의 하나라고 할 수 있는데, 이는 다른 말로 '롤 모델 기법'이라 하겠다.

최고의 스킬과 마인드는
스승을 통해서만 배울 수 있다

'롤 모델 기법'이란 뛰어난 능력을 가진 인물을 '마음속 스승'과 같은 존재로 삼고, 그 사람의 일을 대하는 자세를 통해 언어를 뛰어넘어 직접적으로 스킬이나 마음가짐을 배워나가는 것을 말한다.

사실 우리가 직업 능력을 연마해 갈 때 '롤 모델로 삼을 스승'이 있다는 것은 매우 중요한 부분이라 할 수 있다. 왜냐하면 기술이나 마음가짐을 익히는 데 있어 단지 경험을 쌓고 반성하는 것만으로는 한계가 있기 때문이다.

예를 들어 '회의 역량'을 강화하고 싶은 사람이라면 자신이 직접 회의를 주관함으로써 여러 가지 업무 경험을 해볼 수 있을 것이다. 그리고 회의를 마친 뒤 앞서 언급한 반성 기법들을 토대로 자신의 스킬이나 마음가짐에 대해 돌이켜 보면 깨닫게 되는 것들도 있을 것이다. 하지만 이런 과정을 통해 어느 정도

회의 역량을 강화할 수는 있겠지만, 더 높은 수준의 능력을 원한다면 뭔가 아쉬움이 느껴질 것이다. 이럴 때 필요한 것이 바로 '롤 모델 기법'이라 할 수 있다.

그래서 주변에서 특히 직장 내에서 뛰어난 회의 역량을 가진 상사나 선배를 찾아 그들의 노하우나 스킬을 배우기 위해 그들이 주관하는 회의에 직접 참관해 보는 것이다. 그리고는 회의 운영에 관한 노하우나 업무에 임하는 마음가짐 등을 세세하게 관찰하여 이를 자신이 주관하게 될 회의에 적용시켜 보는 것이다.

실제로 분야나 직종을 불문하고 최고의 자리에 오른 사람들의 스토리에는 훌륭한 '스승'과의 인연이 빠지지 않는다는 것을 알 수 있다. 그런 의미에서 보면 우리가 평소 자신의 업무에 있어 '스승'으로 부를 만한 사람을 만날 수 있느냐, 그리고 그 '스승'으로부터 얼마나 많은 것을 배울 수 있느냐는 매우 중요한 문제라 할 수 있다. 나아가 스승과의 교류를 통해 '스승에게서 지혜를 배우는 법' 다시 말해 '롤 모델링 기법'을 얼마나 터득 했느냐가 우리의 성장을 좌우한다 할 수 있겠다.

과분하게도 저자는 매년 여러 단체들로부터 강연 의뢰를 받고 있으며, 또한 다양한 저서들을 출간해 왔다. 그런데 생각해 보면 대학 시절의 저자는 특별히 언변이 뛰어나지도, 그렇다고 문장력이 좋아 글쓰기에 두각을 나타낸 학생도 아니었다.

하지만 앞에서도 언급했지만 대학 졸업 후 의학부 Y교수님의 연구실에서 보낸 2년이 저자의 인생에 있어 커다란 자양분이 되었다고 생각한다. 사람들이 자주 쓰는 표현인 '○○의 달인'이라는 말을 빌리자면 Y교수님이야말로 언변의 달인이자 글쓰기의 대가이셨다. 그래서 연구실에서 보낸 2년 동안 전문 지식을 배우고 연구 활동에 참여하면서 한편으로는 교수님의 강의 스타일을 보며 화술을 배웠고, 교수님의 저서들을 통해 글쓰기 테크닉을 익히게 되었다.

물론 교수님이 직접적으로 '말 잘하는 법' 또는 '글 쓰는 법'을 지도해 주신 적은 없다. 단지 언변과 글쓰기의 달인을 가까이에서 지켜보는 것만으로도 커다란 수확을 얻을 수 있었다.

예를 들면 글을 쓰는 데 있어 삼단논법으로 내용을 나누어 쓰는 논리 구성이나 여운이 남는 글의 마무리 방법에 대해 많은 것을 배울 수 있었다. 말하기에 있어서도 말의 리듬감이나 논리적으로 말하는 스킬 외에도 자연스럽게 이야기의 화제를 전환하는 법, 다시 본론으로 돌아오는 법, 그리고 중간중간 농담을 섞는 센스와 적절한 타이밍 같은 것들을 배울 수 있었다.

그렇다면 궁금해지는 것이 과연 Y교수님의 뛰어난 화술이나 글솜씨는 타고난 것이었을까? 이에 대한 놀라운 에피소드를 소개하겠다.

연구생 시절, Y교수님과 오랫동안 연구생활을 함께 해온 한 선배에게 "교수님은 예전부터 저렇게 말씀을 잘 하셨나요?"라고 물은 적이 있다. 그러자 "아니요. 조교수가 되어 정식으로 강의를 담당하게 되셨을 때 한 만담가를 찾아가 말하는 방법에 대해 배우셨다고 하더라고요."라는 대답이 돌아왔다. 화술의 달인인 Y교수님도 만담가의 이야기를 가까이에서 들으며 말 잘하는 비결을 터득해 오셨다니 그야말로 '롤 모델링'을 통해 뛰어난 말솜씨를 연마해 온 것이었다.

게다가 Y교수님은 제자들에 대한 애정이 남다른 분이셨다. 그래서 연구에 관해서는 엄격하게 지도해 제자들을 성장시키고자 최선을 다하는 스승이기도 했다. 저자 역시 교수님의 연구실에서 지낸 2년의 시간 동안 앞서 말한 화술이나 글 쓰는 법은 물론, 지식인으로서 갖춰야 할 스킬과 마음가짐을 배울 수 있었다. 그 덕분에 지금 이 자리에 오게 되었다고 확신한다.

그리고 Y교수님의 지도를 받으며 익히게 된 '롤 모델 기법'은 후에 저자가 사회에 나와 민간 기업에서 일하게 되었을 때에도 큰 도움이 되었다.

대학원 졸업 후 입사한 기업에서 저자는 연구 개발 부문에 배치되기를 희망했으나 뜻밖에도 기획 영업 부문에 배치되게 되었다. 그리고 그곳에서 영업의 달인인 A과장님을 만나게 되었다. 전혀 경험해보지 못한 기획 영업 업무에 처음에는 당황하기도 했지만, 시간이 흐르면서 Y교수님을 통해 터득한 '롤 모델 기법'을 활용해 A과장님의 영업 노하우나 마음가짐 등을 배울 수 있게 되었다. 그리고 이때 A과장님에게서 배운 기술이나 업무에 임하는 자세가 이후의 저자의 인생에 있어 커다란 기반이 되어 주었다. 게다가 후에 이 회사의 CEO 자리에 오르게 되는 B전무님과의 인연도 있었다. B전무님은 '전략적 사고의 프로페셔널'이라 부를 만한 인물이었는데, 역시나 롤 모델링을 통해 전략적 사고의 진수를 배울 수 있었다.

위에서 언급한 저자의 사례에서 보았듯이 진심으로 '직업 능력'을 익히고 향상시켜 나가고 싶다면 반성 기법과 더불어 롤 모델 기법을 익혀 자기 것으로 만드는 것이 중요하다. 그리고 무엇보다 이를 매일 실천하는 것이 중요하다 하겠다.

따라서 아무리 서점에 진열된 '프로의 스킬', '달인의 노하우' 같은 책들을 읽는다 해도 '반성을 통해 스스로가 경험한 것으로부터 배우기' 그리고 '롤 모델링을 통해 실제 사람으로부터 배우기' 이 두 가지를 계속적으로 성실히 수행하지 않으면 절대로 고도의 직업 능력을 가질 수는 없다고 할 수 있겠다.

'지혜의 체득법'을 익혔다면
'지혜의 멘토링' 단계로 넘어갈 것

앞에서 언급한 이야기를 종합해 보면 반성을 통해 자신의 경험으로부터 배운다는 '반성 기법'과 실제 사람으로부터 배운다는 '롤 모델 기법'은 프로페셔널의 스킬이나 센스, 테크닉이나 노하우 같은 '기술'을 익히고, 더불어 마인드, 정신, 영혼 또는 개성이나 인성 등의 '마음가짐'을 익히기 위한 뛰어난 방법이다. 또한 이것은 '체험적 지혜'를 터득하기 위한 '지혜의 체득 방법'이라고도 할 수 있다.

그렇다면 AI 시대에 '지혜의 체득 방법'이 중요해지는 이유는 무엇일까?

물론 프로페셔널의 '기술'이나 '마음가짐'이란 것은 경험이나 체험을 통해서만 터득할 수 있는 '체험적 지혜'이기 때문에 책을 통해 터득할 수 있는 '문헌적 지식'에 비하면 AI로 대체하기 어렵다는 이유를 들 수 있을 것이다.

하지만 AI의 발달과 함께 급속도로 진행되고 있는 로봇공학 기술의 발달로 인간이 오랜 세월 경험을 통해 익힌 '기술' 또한 인공지능이 탑재된 로봇이 대신하게 될 가능성이 점차 높아지고 있다. 마찬가지로 인간이 오랜 세월 수련 과정을 통해 체득해 온 'Hospitality'나 '서비스 마인드' 같은 부분에 대해서도 인공지능이 어느 정도 모방할 수 있는 수준에 이르게 되면서 AI로의 대체가 더 이상 먼 이야기는 아니게 되었다.

이런 상황을 고려해봤을 때 AI 시대에는 단순히 프로페셔널한 '기술'과 '마음가짐'을 갖추고 있는 것만으로는 활약하는 인재가 될 수 없다는 것을 알 수 있다. 따라서 만일 자신의 업무가 로봇이나 인공지능으로 대체될 상황에 놓이게 되거나 자신의 '기술'이나 '마음가짐'이 시대에 맞지 않는 진부한 것이 되어 버렸을 때에도 새로운 분야의 프로페셔널한 기술이나 마음가짐을 기민하게 익힐 수 있는 사람들만이 활약하는 인재가 될 수 있다.

다시 말해 이는 단순히 '체험적 지혜'를 가진 인재가 아니라 '체험적 지혜'를 익히는 데 필요한 '상위 인지 레벨의 지혜', 즉 '지혜를 체득하는 방법'을 제대로 알고 있는 인재만이 살아남을 수 있다는 의미이다.

나아가 앞으로 다가올 AI 시대에 활약하는 인재는 스스로가 프로페셔널의 '체험적 지혜'와 '지혜를 체득하는 방법'을 터득하고 있을 뿐만 아니라 자신이 이끌어가야 할 부하직원 또는 팀원들에게 자신의 '체험적 지혜'와 '지혜를 체득하는 방법'을 전수해 그들이 그러한 능력들을 제대로 갖출 수 있게 도와줄 수 있는 인재, 즉 '멘토링 역량'을 제대로 익힌 사람들이라 하겠다.

그렇다면 '지혜의 멘토링'이란 어떠한 테크닉일까?

만약 여러분이 이 질문에 대해 엄청난 대답을 기대했다면 실망스러울 수 있겠지만, 사실 이것은 특별한 기법은 아니다.

만약 여러분이 프로페셔널한 '기술'과 '마음가짐'을 겸비하고 있다면 업무 과정에서 부하직원이나 팀원들에게 그것을 보여주면 된다. 또한 앞에서 이야기한 '반성'과 '롤 모델' 기법을 익혀 스스로 실천하고 있다면 이 역시 부하직원이나 팀원들에게 그대로 가르쳐 주면 되는 것이다. 이것만으로 부하직원이나 팀원들은 여러분을 '스승' 삼아 필요한 '기술'이나 '마음가짐'을 익혀 나갈 수 있게 될 것이다. 더불어 자신의 업무에 대해 반성해보며, 스스로 필요한 기술이나 마음가짐을 익혀 갈 수 있게 될 것이다.

이것이 바로 '지혜를 멘토링 하는 방법'이다. 그런데 이처럼 프로페셔널로서의 '체험적 지혜'는 상위 인지 레벨의 지혜를 포함해서 생각한다면 다음의 '3단계' 능력이 있다는 것을 이해할 필요가 있다.

1단계, '체험적 지혜' 레벨
  프로페셔널로서 익힌 '기술'이나 '마음가짐' 등의 능력
2단계, 지혜의 체득 능력 레벨
  새로운 '기술'이나 '마음가짐'이 필요할 때 그것을 원활하게 체득할 수 있는 능력
3단계, 지혜의 멘토링 역량 레벨
  부하직원이나 팀원들이 필요한 '기술'과 '마음가짐'을 터득할 수 있게 도와주는 능력

당연한 이야기겠지만 위의 '3단계' 능력은 후자로 갈수록 AI로 대체되기 어려운 능력이라는 것은 말하지 않아도 다들 이해할 것이다.

마침내 AI가 '지적 창조력'까지 발휘하는 시대가 올 것이다

자, 지금까지 '직업 능력'을 '체득하는 방법'과 다른 사람에게 '전승하는 방법'에 대해 이야기해 보았다. 그런데 가장 높은 수준의 직업 능력 중의 하나인 '지적(知的) 창조력'은 어떻게 하면 익힐 수 있을까? 어떻게 하면 창의적인 인

재가 될 수 있을까?

아마도 여러분 모두가 이 질문에 대해 흥미를 느끼고 있을 것이다.

하지만 앞으로 다가올 AI 시대에 '지적 창조력'이나 '창의력'을 갖춘 인재가 되기를 원한다면, 먼저 이해하고 넘어가야 할 부분이 있다.

사실 AI는 그다지 멀지 않은 미래에 우리 인간들이 가진 '지적 창조력' 또는 '창의력'에 가까운 능력을 발휘할 수 있게 될 것이다.

미술, 그 중에서도 회화를 예로 들면 2016년에 마이크로소프트사가 네덜란드의 한 미술관과 협력해 AI에게 300장이 넘는 렘브란트의 그림을 연습시켜 그의 화풍을 모방한 회화 작품을 그려내도록 하는 데 성공한 사례가 있다.

또한 음악업계에서는 AI에게 과거의 히트곡들을 대량으로 학습시켜 어떤 곡이 발매되었을 때 음악시장에서 어느 정도 히트할 수 있는지를 판단할 수 있게 되었다. 게다가 이러한 AI의 판단 능력에 작곡 능력을 결합시켜 히트 가능성이 높은 곡을 만들어 내거나 지금까지 들어본 적 없는 전혀 새로운 장르의 곡들을 만들어 내는 것도 가능하게 되었다.

게다가 영화 시나리오 등의 창작에 있어서도 기존의 다양한 영화 시나리오들을 학습한 AI가 흥행 가능성이 높은 시나리오를 만들어 내거나 이전에는 본 적 없는 대담하고 참신한 시나리오들을 창작해 낼 날도 머지않아 오게 될 것이다.

이렇게 생각해 보면 그림 등의 시각 예술, 음악 등의 청각 예술, 그리고 소설이나 시나리오 창작 분야에서도 AI가 이미 어느 정도의 '창의력'을 발휘할 수 있는 수준에 이르렀다는 것을 알 수 있다. 따라서 우리는 이제껏 크리에이

터들의 영역으로 인지해온 일들조차 상당 부분이 AI로 대체되어 가게 될 것임을 직시해야 할 것이다.

그럼 이런 상황에서 우리가 해야 할 일은 무엇일까?

물론 우리에게 피카소나 모차르트 또는 아인슈타인처럼 천재적 수준의 '지적 창조력'이 있다면 무슨 걱정이 있겠는가? 또한 독창적인 기술자가 개발해 낸 획기적인 기술 혹은 세계적 디자이너들의 참신한 디자인 수준의 창의력이 있다면 더 바랄 게 없을 정도이다.

그러한 수준의 지적 창조력이나 창의력을 가진 사람이라면 AI 시대뿐만 아니라 그 어떤 새로운 세상이 펼쳐진다 해도 인류 발전에 기여할 수 있는 훌륭한 인재가 될 것이다. 하지만 아쉽게도 그런 재능을 가진 인재는 극히 일부에 불과하다. 그러니 이 책에서 그런 사람들의 이야기를 하는 것은 의미 없는 논의일 뿐이다.

그렇다면 앞으로 다가올 AI 시대에 우리에게 요구되는 '지적 창조력'이란 어떤 것일까? AI와의 밥그릇 경쟁에서 도태되지 않을 '지적 창조력'이란 무엇을 말하는 것일까?

실현 불가능한 아이디어는 무시되는 사회

사실 앞으로 다가올 시대에 AI로 대체되거나 도태되지 않을 '지적 창조력'이란 다음의 표현들로 정의되는 능력이라 하겠다.

'자신의 전문 분야에 관한 새로운 아이디어를 생각해 내고,
그것을 자신이 소속된 조직 안에서 실현시킬 수 있는 힘'

이 문장만 놓고 보면 너무 당연한 말로 들리겠지만, 사실 여기에서 중요한 포인트는 바로 '실현시킬 수 있는 힘'이라는 부분이다.
즉, 사회에서 실제로 요구되는 '지적 창조력'이란 '실현시킬 수 있는 힘'을 포함한 능력을 의미하는 것이다. 이는 굳이 말하지 않아도 많은 분들이 직장에서 이미 경험해 본 적이 있을 것이다.

예를 들어 한 회사원이 새로운 고객 서비스 아이디어를 생각해냈다고 해보자. 그런데 이를 사내에 제안하거나 말로 설명하는 것만으로 이 사람을 '지적 창조력'을 가진 인재라고 말하기는 어렵다. 아이디어를 매력적인 기획서로 만들어 상사나 사내 임원들을 설득하거나 또는 함께할 동료들을 모아 하나의 프로젝트로 이끌어 구체적인 결과를 보여줬을 때 비로소 뛰어난 '지적 창조력'을 가진 인재로 인정받게 되는 것이다.
특수한 몇몇 직업을 제외하고 우리 대다수가 일하고 있는 직업 현장에서는 새롭고 재미있는 아이디어를 생각해 내더라도 이를 실현시키기 위한 행동력이 없는 사람은 '뜬구름 잡는 소리만 하는 사람'이라는 말을 듣게 될 것이다. 그리고 이런 일이 반복될수록 직장내에서의 평가도 나빠지게 되는 것이 이 사회의 현실이다.
이러한 현실을 반영하듯 일본의 교육계에서도 '창의력을 키우자' 또는 '창조적 인재를 육성하자'라는 자성의 목소리가 높아지고 있기는 하다. 하지만 실제 사회에서는 분야를 막론하고, '창조적'이라는 수식어가 붙는 프로들은 아

이디어를 생각해내는 것에만 탁월한 것이 아니라 그것을 조직, 나아가 사회에 제안하여 실현시킬 수 있는 힘을 가지고 있다는 것을 알 수 있다. 저자 자신이 이를 뼈저리게 깨닫게 된 것은 미국의 싱크탱크에서 근무했을 때였다.

세계 최고의 싱크탱크는
창의성이 아닌, 혁신성을 요구한다

저자가 근무했던 바텔 기념 연구소는 제록스 개발을 비롯한 다양한 첨단 기술의 개발로 잘 알려진 기술 계열의 싱크탱크이다. 당시 미국 오하이오주 콜럼버스, 워싱턴주 리치랜드, 스위스 제네바, 그리고 독일 프랑크푸르트 총 4곳의 연구소에서 8천 명에 달하는 연구원들과 스텝들이 근무하고 있었는데, 저자는 그 중에서도 최대 조직 규모를 자랑하는 리치랜드의 퍼시픽 노스웨스트 연구소에 발령을 받게 되었다.

애당초 저자는 이 연구소에서 좋은 평가를 받기 위해서는 '창의적인 아이디어'를 많이 내는 사람이 되어야 한다고 생각했다. 즉, 평가의 기준이 곧 'Creativity'라고 생각했던 것이다. 하지만 발령 당일 연구소장님의 말씀은 저자를 큰 충격에 빠뜨렸다.

"이 연구소에서는
창의성(Creativity)이라는 말은 하지 않아요.
혁신성(Innovativity)이라는 말을 하죠."

그리고 실제로 연구소에서 일해 보니 소장님의 말씀대로 아무리 창의적인 아이디어를 제안하더라도 그것만으로는 좋은 평가를 받을 수 없다는 것을 깨닫게 되었다. 아이디어를 구체적으로 실행시켜 무언가 혁신적 연구 성과를 가져왔을 때 비로소 좋은 평가를 받게 되는 것이다.

그런데 이런 문화는 결코 바텔 기념 연구소에만 있는 것이 아니다. 현재 세계에서 가장 창의적인 인재들이 모여 있다는 '구글'에서도 사내 평가의 기준은 새로운 아이디어 제안이 아닌 아이디어를 구체화시킬 수 있는 능력, 다시 말해 소프트웨어나 서비스로 실현시키는 것이다.

'창의적 인재'라고 하면 '애플'의 창업자, 故스티브 잡스를 비롯해 '아이디어를 현실로 실현시키는 능력'이 탁월한 사람들을 떠올리게 될 것이다. 하지만 안타깝게도 현재 일본의 대학 교육 현장에서 그러한 교육을 기대하기는 어려운 현실이다.

그렇다면 '아이디어의 실현력'이란 어떠한 능력을 말하는 것일까?

이것은 뛰어난 아이디어를 생각해내는 것에 그치지 않고 그 아이디어를 실현시키는 데 걸림돌이 되는 눈앞의 현실들, 다시 말해 회사의 방침, 조직 문화, 상사의 판단 능력과 같은 조직적 문제들 그리고 기술력이나 금전적 제약, 사회 제도의 장벽, 시장 상황 등을 바꿔 나갈 수 있는 능력을 말한다. 이는 '현실 변혁력'이라는 말로 바꿔 말할 수 있다.

그리고 이러한 '아이디어 실현력'이나 '현실 변혁력'은 앞으로 인공지능 기술이 진화되어 AI가 창조적 아이디어를 고안해 낼 수 있는 수준에 이르더라도 인간만이 발휘할 수 있는 고유의 능력이라 하겠다.

그럼 어떻게 하면 '인간만이 발휘할 수 있는 이러한 능력', 다시 말해 '눈앞의 현실을 변화시킬 수 있는 능력'을 갖출 수 있을 것인가?

의외로 그 해답은 명확하다.

그러한 능력을 갖기 위해서는 먼저 '눈앞에 있는 한 사람을 설득시킬 수 있는 힘' 그리고 '조직을 움직일 수 있는 힘'을 가져야 한다.

이 말에 중요한 사실 한 가지가 포함되어 있다는 것을 눈치챈 독자들도 있을 것이다.

그것은 바로 '직업 능력', '대인관계 능력', '조직 능력', 이 세 가지가 밀접하게 연결되어 있다는 것이다. 즉, 가장 높은 수준의 직업 능력 중 하나인 '지적 창조력'을 발휘하기 위해서는 상사나 동료, 고객 또는 거래처 직원 등 자신의 눈앞에 있는 한 사람에게 자신의 아이디어를 납득시켜 동의를 얻어내고, 나아가 협력할 수 있는 관계로 이끌어 가는 '대인관계 능력'이 꼭 필요하다고 할 수 있다. 또한 그 아이디어를 실현시키기 위해 자신이 소속된 기업이나 조직의 합의를 얻어 조직이나 팀을 결성해 제대로 운용, 관리할 수 있는 '조직 능력' 역시 필요하다.

그렇다면 '대인관계 능력'이나 '조직 능력'을 익히고 향상시켜 가기 위해서는 어떠한 노력이 필요할까? 다음에 나오는 4장에서는 이에 대한 이야기를 해 보도록 하겠다.

제4장

AI 시대에 요구되는 '대인관계 능력'이란 무엇인가?

언어적 커뮤니케이션보다
비언어적 커뮤니케이션 능력과
체험적 공감 능력을 갖춰야 한다

커뮤니케이션의 80%는
언어 이외의 요소를 통해 전달된다

　3장에서는 앞으로 다가올 AI 시대에 활약할 수 있는 인재가 되고 싶다면 먼저 '직업 능력'을 단련해야 한다는 이야기를 해보았다. 하지만 '직업 능력'을 갈고 닦는 것만으로는 다가올 AI 시대를 대비하기엔 충분하지 못하다는 것을 여러분 모두 알게 되었을 것이다. 따라서 AI로 절대 대체될 수 없는 능력을 가지길 원한다면 우리는 한층 더 고차원적 능력인 '대인관계 능력'을 익힐 필요가 있다.

　그렇다면 '대인관계 능력'이란 무엇일까?

　이에 대해 한 가지 알기 쉬운 예로 Hospitality, 즉 '고객 서비스 역량'을 들 수 있다. 이는 고객의 마음을 섬세하게 읽어내고, 따뜻하게 대접한다는 마음으로 고객에게 서비스를 제공할 수 있는 능력을 의미한다.

　그런데 AI 시대에 이르게 되면 이러한 '고객 서비스 역량'의 중요성이 더 강조될 것이라고 전 세계 수많은 전문가들이 역설하고 있는 만큼 여러분 중에도 이미 이에 대해 이해하고 있는 분들이 많이 있을 것이다. 오히려 지금 우리에게 중요한 문제는 어떻게 하면 이 '고객 서비스 역량을 익힐 수 있는가?'라는 부분이라 할 수 있겠다.

　하지만 '고객 서비스 역량'이 서비스업이나 접객업을 통해 '고객 서비스 경험'을 쌓는다고 해서 쉽게 얻을 수 있는 능력이 절대 아니라는 것이 문제이다. 실제로 서비스 업계에서 오랜 세월 일해 왔지만 머지않아 AI에게 자신의 자리를 빼앗길 위기에 처할 사람들이 의외로 많다는 것을 알 수 있다.

예를 들면 형식적인 미소로 고객을 응대하고 진심없이 입으로만 '감사합니다'를 말하는 판매원들 또는 고객 상황에 대한 배려없이 규정대로만 움직이는 서비스 근무자들을 여러분 모두 한 번쯤은 만난 경험이 있을 것이다. 더군다나 그런 사람들에게서는 서비스를 마치고 집으로 돌아갈 때도 기분 좋은 여운과 다시 오고 싶다는 마음이 들게 만드는 배웅 인사 역시 기대하기 어려웠을 것이다.

사실 서비스 업종에서 '고객 서비스 역량'이나 '고객 환대 마인드'의 중요성은 늘 강조되어 왔다. 하지만 그럼에도 불구하고 위와 같은 사례가 발생하는 이유는 '고객 서비스 역량'과 '고객 환대 마인드'를 제대로 발휘하기 위해 필요한 '기본 능력'에 대한 교육을 소홀히 했기 때문이다.

그렇다면 여기에서 말하는 '기본 능력'이란 무엇일까?

그것은 바로 '커뮤니케이션 능력'이다.

다시 말해 '상대방의 생각이나 감정을 깊이 이해할 수 있는 능력'과 '상대방에게 자신의 생각이나 감정을 원활하게 전달할 수 있는 능력'이라 하겠다.
이 말을 들은 여러분 중에는 '그럼, 커뮤니케이션 능력을 높이려면 말하기 기술을 연마해야 하는 건가?' 혹은 '화술을 익히라는 말인가?'라고 생각하는 독자들도 있을 것이다.

분명 말을 잘하는 것도 '커뮤니케이션 능력'이라 할 수 있다. 하지만 여기에서 말하는 '커뮤니케이션 능력'의 가장 중요한 부분은 '말하는 방식'이나 '화술'이 아니다.

물론 사람과 사람 사이의 커뮤니케이션에 있어 '말하는 방식'이나 '화술'이 중요하긴 하지만, 그런 부분은 사실 '커뮤니케이션 능력'이라는 의미에서 보면 아주 기초적인 부분에 지나지 않는다. 왜냐하면 사실 커뮤니케이션의 80%는 '비언어적(non-verbal)' 요소들로 이루어지기 때문이다.

커뮤니케이션에 대한 전문 연구에 따르면 인간의 커뮤니케이션에 있어 80%는 언어적 요소가 아니라 눈빛이나 시선, 표정, 행동, 자세 등 언어 이외의 요소들에 의해 이루어진다고 한다. 반대로 말하면 언어적 요소에 의한 커뮤니케이션은 전체의 20% 정도에 불과하다는 것이다. 심지어 언어적 요소가 차지하는 비율이 불과 7%에 지나지 않는다고 말하는 전문가도 있다.

따라서 '비언어적 커뮤니케이션 능력'을 단련하지 않고, '언어적 커뮤니케이션 능력'에만 의존하는 사람은 인간이 갖는 커뮤니케이션 능력의 20%만 사용하고 있는 셈이다. 바꿔 말하면 '언어적 커뮤니케이션 능력'만 사용하는 사람과 '비언어적 커뮤니케이션 능력'까지 최대한 활용하는 사람을 비교하면 그 능력의 차이는 무려 5배가 된다는 이야기이다.

여기에서 우리는 커뮤니케이션의 대부분은 '비언어적' 요소들이 차지하고 있다는 것을 우선 이해해야 하겠다. 그리고 나서 다음의 두 가지 질문을 스스로에게 던져 보도록 하자.

그리고 그 질문을 통해 자신의 커뮤니케이션 능력을 돌아보는 시간을 가져 보도록 하자.

언어를 사용하지 않고서
어느 정도 커뮤니케이션이 가능한가?

첫 번째 질문, 상대방의 '무언의 메시지'를 그 사람의 눈빛이나 표정, 몸짓 또는 자세를 통해 어느 정도 이해할 수 있을까?

두 번째 질문, 자신의 눈빛이나 표정, 몸짓 또는 자세를 통해 상대방에게 어떠한 '무언의 메시지'가 전달되는지를 이해하고 있는가?

이 두 가지를 여러분에게 질문하는 이유는 분야를 불문하고 전 세계에서 활약하고 있는 최고의 프로페셔널들은 모두 탁월한 '비언어적 커뮤니케이션 능력'을 가진 사람들이기 때문이다.

하지만 앞에서도 언급했듯이 서비스 업계에서 오랜 세월 일해온 사람들 중에도 위의 두 가지 질문에 대해 높은 수준의 능력을 갖춘 사람은 그다지 많지 않다. 왜냐하면 이러한 능력을 갖추기 위해서는 어떤 일을 통해 미루어 짐작해 볼 수 있는 '추론적 사고력'과 '상상력'이 높은 수준으로 요구되기 때문이다. 즉, 상대방의 표정 이면에 있는 감정을 미루어 짐작해 볼 수 있는 능력이나 상대방의 감정을 상상할 수 있는 능력이 필요하다는 것이다.

그리고 이러한 인간의 마음을 짐작해 볼 수 있는 '추론적 사고력' 또는 '상상력'은 실제로 긴밀한 대인관계를 체험해보지 않고서는 익히기 힘들기 때문에 AI에 적용하기 쉽지 않은 능력이기도 하다.

그런데 문제는 현재의 교육제도 안에서 우리 인간들 역시 학창 시절을 통해 나름의 '논리적 사고력'이나 '분석적 사고력'은 익혀 왔지만, 정작 타인의 마음을 짐작해 헤아릴 수 있는 '추론적 사고력'이나 '상상력'을 익힐 기회를 많이 갖지 못했다는 것이다. 이는 현재의 학교 교육이 이러한 두 가지 능력 함양에 그다지 시간을 할애하지 않고 있다는 것을 알 수 있는 대목이다. 실제로 우리 주변만 둘러봐도 '추론적 사고력'이나 '상상력'의 결여로 '비언어적 커뮤니케이션'에 서툰 사람들이 생각보다 많다는 것을 알 수 있다.

예를 들면 고객이 그만 이야기를 끊고 돌아가고 싶다는 신호를 표정과 몸짓을 통해 계속해서 보내고 있지만, 눈치채지 못하고 일방적으로 자신의 이야기를 이어가는 영업 사원. 그리고 사내 기획 회의에 참여한 멤버들 모두가 "과장님, 이제 그만 정리하고 마치죠"라고 생각하고 있지만, 전혀 분위기를 파악하지 못한 채 회의를 이어가는 과장님. 그리고 프로젝트에 참여한 모든 사람들이 "이제 더 이상 야근은 못해요!"라며 소리 없는 절규를 외치고 있지만, "자, 우리 모두 조금만 더 힘냅시다!"라는 말만 늘어놓는 프로젝트 리더 같은 사람들 말이다.

아마 여러분의 직장에도 이런 사람들을 어렵지 않게 볼 수 있을 것이다. 따라서 우리는 평소의 업무를 통해 의식적으로 진지하고 긴밀한 대인관계 경험을 쌓아 감으로써 이러한 능력을 익혀 '비언어적 커뮤니케이션 능력'을 연마해 가야만 한다.

AI는 따라 할 수 없는
'언어를 통하지 않는 커뮤니케이션'

게다가 이것은 앞으로 다가올 AI 시대에 역량을 발휘할 인재가 되기 위한 필수 불가결한 능력이기도 하다. 왜냐하면 급속도로 발전한 인공지능 기술은 머지않아 커뮤니케이션 능력 가운데 '언어적 커뮤니케이션'에 대해서는 상당 부분이 인간의 능력을 대체할 수 있게 될 것이기 때문이다.

실제로 음성 대화 기술의 발달로 향후 각종 시설의 안내데스크나 카운터에서 이루어지던 고객 대응 업무나 전화 응대 업무 등은 빠른 속도로 AI로 대체되어 갈 것이다.

이는 인공지능이 정보 검색이나 확인 면에서 압도적으로 뛰어나기 때문에 고객과의 정확한 상호 작용이 필요한 '언어적 커뮤니케이션'에 있어서는 향후 그동안 인간이 해오던 업무의 대부분을 인공지능이 대체하게 될 것이다. 때문에 단순 수속 업무만을 담당하는 안내데스크나 카운터 직원들은 물론 수박 겉 핥기식으로 상품 판매에 필요한 최소한의 정보만을 가지고 고객을 대하는 영업 사원들은 AI에게 자리를 빼앗기게 될 것이다.

하지만 한편으로 타인의 마음을 미루어 짐작할 수 있는 '추론적 사고력'이나 '상상력'이라는 한마디로 정의하기에 다소 애매한 '비언어적 커뮤니케이션 능력'에 있어서는 아직 인공지능이 인간의 능력을 쫓아가기는 힘든 상황이다.

따라서 앞으로 다가올 AI 시대에 우리 인간들에게 요구되는 것은 고객의 표정이나 행동에서 마음을 읽어내고, 진심이 담긴 미소로 고객에게 편안함과 신뢰감을 느낄 수 있도록 만드는 힘, 이른바 '언어를 통하지 않는 커뮤니케이션 능력'을 갖추는 것이라 하겠다.

참고로 SF 영화의 고전이라 불리우는 아서 C. 클라크 원작 스탠리 큐브릭 감독의 영화, 「2001 스페이스 오디세이」에서는 HAL이라는 이름의 AI가 등장한다. 엄청난 능력을 갖춘 이 인공지능 컴퓨터는 제대로 음성 인식을 하기 어려운 상황에서도 주인공 보우만과 동료가 나누는 대화 내용을 그들의 입술 움직임을 통해 읽어 낼 정도이다.

AI가 '독순술'까지 구사하다니 실로 놀라운 능력이 아닐 수 없다. 하지만 이러한 능력도 결국은 '언어'를 읽어내는 능력이기에 '언어적 커뮤니케이션'의 범주를 넘어서지는 못한 것이라 하겠다.

이 영화에서 등장한 미래 예측에 관한 것들은 접어두고라도 어쨌든 우리가 '언어적 커뮤니케이션' 능력뿐만 아니라 '비언어적 커뮤니케이션' 능력도 익히고 향상시켜 간다면 AI가 인간의 수많은 능력들을 대신하는 시대가 오더라도 '자신의 역량을 충분히 발휘할 수 있는 인재'가 될 수 있을 것이다.

회의나 미팅 후에 반드시 해야 할 일, 미루어 짐작해 보기와 상상해 보기

그렇다면 '비언어적 커뮤니케이션' 능력을 익히고 향상시키기 위해서는 어떻게 해야 할까? 이를 위한 효과적인 방법이 하나 있다.

그것은 바로 3장에서 이야기한 '반성의 기법'을 한층 높은 수준에서 응용하는 것이다. 3장에서는 '직업 능력'을 연마하기 위해 '반성의 기법'을

첫 번째, 회의나 협상을 마친 뒤 자신의 업무에 대해 '기술적' 관점에서 되돌아본다.
두 번째, 회의나 협상을 마친 뒤 자신의 업무에 대해 '마음가짐'의 관점에서 되돌아본다.
라는 두 가지 측면으로 구분하여 활용해 볼 것을 이야기했다.

'대인관계 능력'을 연마하기 위해서는 이러한 '반성의 기법'을 확장시켜

첫 번째, 회의나 협상을 마친 뒤 회의 참석자들 혹은 고객이 보내온 무언의 메시지에 대한 의미를 미루어 짐작해 본다.
두 번째, 회의나 협상을 마친 뒤 자신이 보낸 무언의 메시지가 상대방에게 어떻게 전달되었을까를 상상해 본다.
라는 두 가지 측면으로 구분해 응용해 볼 수 있다.

즉, 회의나 미팅, 협상과 같은 '대인 경험'을 한 이후 반드시 두 가지 측면에서 반성을 해보는 것이다. 회의나 미팅 상황을 다시 떠올려보며, 어떠한 '무언의 메시지'들이 오고 갔는지를 되돌아봐야 한다.
구체적으로 말하자면 회의 참석자들이나 고객의 표정, 눈빛, 행동이나 자세 등을 통해 '무언의 메시지'에 대한 의미를 짐작해보고, 반대로 자신의 표정이나 눈빛, 행동이나 자세로부터 어떠한 '무언의 메시지'가 전달되었을까를 상

상해 보는 것이다.

예를 들면,
'A 씨는 찬성이라고 말하긴 했는데, 표정으로 봐선 그다지 내켜 하는 것 같지 않았단 말이야'
'B 씨는 그때는 아무런 말도 하지 않았지만 나를 바라보는 눈빛에 따뜻함이 느껴졌어'
'C 씨가 자신의 의견을 말했을 때 내가 살짝 고개를 끄덕인 걸 C 씨도 봤으니 그걸로 내 생각은 잘 전달된 것 같아'
'D 씨는 회의 도중 내가 시계를 확인하는 걸 보고, 아마 다음 일정이 있다고 생각해서 이야기를 서둘러 마무리 지어 준 것 같아'
이런 식으로 회의 현장에서 주고받은 '무언의 메시지'들을 되짚어 보며, 거기서 발생된 '비언어적 수단을 통한 커뮤니케이션'에 대해서도 되돌아보는 것이다.

저자 역시 사회 초년생 시절부터 회의나 미팅, 협상 등이 있는 날에는 반드시 상황을 되돌아보며, 어떠한 '무언의 메시지'들이 오고 갔는지에 대해 되짚어 보는 습관을 계속 이어왔다. 이러한 습관은 첫 회사에서 영업 부문에 배치되었을 때 만난 상사로부터 배우게 된 것으로 그렇게 배우고 익힌 '비언어적 커뮤니케이션' 능력이 스스로에게 커다란 자산이 되었다는 걸 한참 후에야 깨닫게 되었다.

AI 혁명의 위협이 더 이상 공상과학영화 속 이야기가 아니게 된 시대에 전 세계 수많은 전문가들이 AI로는 대체할 수 없는 인간 능력의 하나로 Hospitality(고객 서비스 역량)를 꼽고 있다. 그런데 이런 전문가들은 사회의 변화를 매크로적 관점에서 예측한다는 점에서는 뛰어난 통찰력을 발휘하고 있지만, 사실 경영이나 실무 노동 현장을 깊이 이해하고 있다고는 할 수 없다. 때문에 '그럼, 어떻게 하면 고객 서비스 역량을 높일 수 있나요?'란 질문에 대해서는 확실한 대답을 해주지 않는다.

그래서 4장에서는 이 'Hospitality' 역량을 향상시키기 위한 방법으로 특히 사람의 마음을 미루어 짐작하는 '추론적 사고력'과 '상상력'을 익혀 '비언어적 커뮤니케이션' 능력을 연마하는 것이 왜 중요한지에 대해 이야기해 보았다. 또한 이에 대한 구체적인 테크닉에 대해서도 이야기해 보았다.

그런데 우리가 'Hospitality' 역량이나 커뮤니케이션 능력을 익히고 '대인관계 능력'을 연마하기를 원한다면 사실은 앞에서 언급한 '비언어적 커뮤니케이션' 능력 외에 한 가지 중요한 것이 더 있다.

그것은 바로
'공감 능력'을 갖는 것이다.

AI는 절대 흉내 낼 수 없는
생생한 인간의 공감 능력

'공감 능력'에 대해서는 이제껏 좋은 인간관계를 형성하기 위해 또는 뛰어난 리더십을 발휘하기 위해 필요한 능력으로써 그 중요성이 다양한 형태로 강조되어 왔다. 하지만 앞으로 다가올 AI 시대에는 이러한 '공감 능력'은 그 중요성이 더욱 부각되게 될 것이다.

왜냐하면 앞으로 인공지능 기술의 발전에 따라 인간이 가진 다양한 능력들을 AI가 대체하는 세상이 되어 갈 것이지만 '공감 능력'은 AI가 쉽게 흉내 낼 수 없는 인간 고유의 능력, 말 그대로 인간만이 가질 수 있는 능력이기 때문이다.

그렇다면 AI가 인간의 '공감 능력'을 흉내 낼 수 없는 이유는 무엇일까?
그 이유는 '공감'이란 문자 그대로 '함께 느끼는' 것이기 때문이다.

다시 말해 인간이 느끼는 기쁨이나 슬픔, 즐거움과 고통, 안정감과 불안감, 우정과 고독, 애정과 증오 같은 생생한 감정을 공유하는 것이기 때문이다.
하지만 현재까지 개발된 인공지능 기술에는 이러한 '감정'이 탑재되어 있지 않다. 아무리 첨단 과학 기술이 적용된 것이라 할지라도 본질이 컴퓨터라는 기계인 이상, 감정을 가질 수는 없는 것이다. 때문에 감정을 공유한다는 의미로 볼 때 인공지능은 인간을 대신해 '공감 능력'을 갖는 것 자체가 원리적으로 불가능하다.

물론 인공지능 로봇에게 '공감하는 듯한 말'을 하거나 그러한 표정이나 몸짓을 하도록 만들 수는 있을 것이다. 이는 기술 발전과 더불어 머지않아 실현되게 될 것이다. 하지만 그것은 어디까지나 '공감하는 듯한' 말이나 표정 또는 몸짓일 뿐 거기에 '공감의 감정'이 작용하고 있는 것은 아니다. 인간이 가지는 '생생하고 따뜻한 감정'이 작용하고 있는 것이 아니라는 말이다.

게다가 '공감' 또는 '감정'이라는 부분에 있어 우리 인간은 매우 예리한 감각을 지니고 있다.

"그 사람은 말로는 위로해주지만 내가 얼마나 힘든지 사실은 잘 모르는 것 같아"

"저 사람은 미안해 하는 표정으로 정중히 사과하고 있지만 솔직히 진짜 미안하다고 생각하는 것 같지는 않아"

위의 예시처럼 우리 인간은 누군가가 '마음이 담기지 않은 말'을 건네거나 '자신의 감정과는 다른 표정'을 지었을 때 그 말과 표정 또는 행동 이면에 있는 '마음'이나 '감정'을 민감하게 알아채는 능력을 가지고 있다.

따라서 앞으로 기술이 발달해 AI가 아무리 정교하게 '공감하는 듯한 말을 건네고 '공감하는 듯한 표정이나 몸짓'을 표현한다 해도 우리 인간은 그에 대해 어딘지 모를 위화감을 느끼며 공감하지 못하게 될 것이다.

그래서 이 '공감 능력'은 인간이 가진 다른 능력들이 AI로 대체되는 세상이 되더라도 절대 AI가 대신할 수 없는 인간 고유의 능력으로 남게 될 것이다.

그러므로 만약 여러분이 AI 시대에 활약하는 인재가 되기를 원한다면 다른 무엇보다도 절대 AI로 대체할 수 없는 '공감 능력'에 기초한 '대인관계 능력'과 '조직 능력'을 익히고 향상시켜 가야 한다.

그렇다면 이러한 '공감 능력'을 익힐 수 있는 좋은 방법은 무엇일까?

그 이야기를 하기에 앞서 '공감 능력'을 논할 때 종종 발생하는 '두 가지 오해'에 대해 이야기해 두겠다.

상대방의 공감을 얻으려 하기 전에
먼저 상대방에게 깊이 공감하라

첫 번째 오해는 '공감 능력'이란 '상대방에게 공감을 이끌어내는 힘'이라고만 생각하는 것이다.

실제로 요즘 서점에 나가보면 「사람들의 마음을 울리는 아침의 한마디」 혹은 「상대방의 공감을 얻는 법」 같은 제목의 책들이 눈에 띈다. 심지어 스포츠 선수의 인터뷰에서 조차 "경기를 보러 오시는 관중들에게 감동을 선사하는 선수가 되고 싶습니다."라는 말이 고정 멘트화 되어 버린 느낌이다.

직장 내 영업사원 교육에서도 "고객에게 공감을 얻을 수 있도록 최선을 다하자."라는 말이 종종 들린다. 물론 이 말은 '고객이 만족할 수 있도록 최선을 다 하자'라는 취지에서 나온 것이기에 업무에 임하는 자세로서는 더할 나위 없이 올바른 태도라 할 수 있을 것이다. 하지만 이 말을 깊이 들여다보면 무의식 중에 '고객으로부터 공감을 이끌어내자'라는 생각이 내재되어 있다는 것을 알 수 있다.

그러나 '공감 능력'의 진짜 의미는 그런 것이 아니다. 즉, '상대방의 공감을 이끌어내는 힘'은 아니라는 말이다. '공감 능력'의 진짜 의미는 사실 그와 정반대의 능력인

'상대방에게 깊이 공감하는 능력'이다.

영업직 사원을 예로 들면 고객이 "이 문제를 좀 해결해 주세요"라는 의뢰를 했을 때 '아, 이 문제로 꽤 고생하셨겠구나. 어떻게든 해결 방법을 찾아드리

자.'라고 생각하는 마음이야말로 '공감 능력'이라는 것이다. 호텔 직원이라면 장거리 운전으로 밤늦게 도착한 고객에 대해 '많이 피곤하실 텐데 얼른 수속을 마치고 객실로 안내해 드려야겠다.'라는 마음이야말로 '공감 능력'이라 할 수 있다. 또한 어떤 조직이나 팀의 리더인 경우 부하직원 또는 팀원들이 업무에 대한 어려움을 겪고 있을 때 '아, 나도 저런 적이 있었지. 스트레스가 심할 텐데 어떻게 도와주면 좋을까?'라는 마음을 갖는 것이 '공감 능력'인 것이다.

따라서 진심으로 '공감 능력'을 갖추고 싶은 사람이라면 '상대방에게 공감을 이끌어내는' 것이 아니라 '상대방에게 깊이 공감하는' 의미에서의 '공감 능력'을 익히고 향상시킬 필요가 있다.

그럼 '공감 능력'에 대한 남은 한 가지 오해는 무엇일까?

'공감'이란 상대방의 모습에 자신을 투영시키는 것

그것은 '공감'을 '동정' 혹은 '연민'과 혼동하는 것이다.

실제로 세상에는 종종 이 단어들을 혼동해서 사용하는 경향이 있는데, 사실 '동정' 또는 '연민'은 '공감'과는 전혀 다른 의미의 단어들이다.

'공감'이란 '상대의 모습이 마치 자신의 모습처럼 생각되는 것'을 말한다.
이에 비해 '동정'이나 '연민'이라는 감정에는 '상대보다 높은 위치에서 내려다 보는' 시선이 숨어 있기 때문에 자신과 상대방의 사이에 '마음의 거리'가 생겨나게 된다. 따라서 '공감 능력'을 연마할 때 '동정'이나 '연민'이 아닌 문자 그대로 '상대방의 모습이 자신의 모습처럼 생각된다'는 의미에서의 '마음의 능력'을 익혀 나갈 필요가 있다.

이는 특히 리더로서 부하직원이나 팀원들을 이끌어 가는 입장이 되었을 때 매우 중요하다. 앞서 '공감 능력'의 사례에서 리더가 부하직원이나 팀원들이 업무적으로 어려움을 겪게 되었을 때 '아, 나도 저런 적이 있었지. 스트레스가 심할 텐데 어떻게 도와주면 좋을까?'라는 마음을 갖는 것이 중요하다는 이야기를 했었다. 그런데 이때 '아, 나도 저런 적이 있었지'라는 감각이야말로 '상대방의 모습이 자신의 모습처럼 생각되는 것'이라 할 수 있다.

만약 우리가 이런 의미에서의 '공감 능력'을 갖게 된다면 이는 최고의 '커뮤니케이션 능력'이자 최고의 '대인관계 능력'으로 이어지게 될 것이다. 왜냐하면 사람과 사람 사이에서 심도 있는 커뮤니케이션이 형성될 때는 그것이 가족 간이던, 친구 간이던, 또는 직장 동료 사이이던 간에 거기에는 인간적인 '깊은 공감대'가 형성되어 있기 때문이다.

그렇다면 '공감 능력'을 어떻게 연마해 가면 좋을까?

'고생' 해보지 않은 사람은
진짜 '공감 능력'을 갖기 어렵다

한 가지 명확한 것은 이러한 '공감 능력'은 책을 몇 권이고 읽는다고 해서 배울 수 있는 것이 아니며, 역시 업무 경험 또는 인생 경험을 통해서만 터득할 수 있는 '체험적 지혜'라는 것이다.

물론 고난과 역경에 처한 사람들의 이야기를 담은 책이나 공감 능력에 대해 다룬 책들을 많이 읽는다면 '공감 능력'의 중요성을 '머리로 이해하는' 것은 가능할 것이다. 하지만 앞에서도 재차 이야기했듯이 '공감'의 중요성을 머리로 이해하는 것과 우리가 다른 누군가에 대해 진심으로 깊이 '공감'할 수 있느냐의 문제는 전혀 다른 차원의 이야기이다.

그렇다면 진짜 '공감 능력'을 익히기 위해서는 어떤 노력이 필요할까?
오해의 여지가 있을 수 있겠지만
그것은 바로 '고생'을 경험해보는 것이다.

이유는 간단하다. 우리 인간은 자신 나름의 힘들었던 '고생'이라는 경험이 없으면 무언가에 고생하고 있는 사람을 보더라도 진짜로 '공감'할 수는 없기 때문이다.

예를 들어 젊은 시절부터 우수한 인재로 인정받아 특별한 문제 없이 탄탄대로를 걸어 온 사람에게는 업무에 있어 이렇다 할 성과도 내지 못하고 거듭된 실패로 열등감을 느끼는 사람의 심정이 이해될 리가 없다. 게다가 만약 그런 사람이 리더의 자리에 오르게 된다면 업무적으로 힘든 상황에 처한 팀원들을 보더라도 그들의 감정에 쉽게 공감하지 못할 것이다.

단, 여기에서 저자가 하고 싶은 말은 '상대방과 똑같이 고생한 경험이 있어야만 진짜 공감을 할 수 있다'라는 것이 아니다. 설령 상대와 똑같은 경험을 하진 않았어도 자신에게도 힘들고 견디기 어려운 고통을 경험해 본 적이 있다면 조금이나마 상대방의 감정을 헤아려보고 상상해 볼 수 있다는 말이다.

그리고 그러한 자신의 고생담을 토대로 힘들어 하는 상대방의 마음을 헤아려보고 상상할 수 있는 것이 '공감 능력'을 익히는 데 있어 매우 중요하며, 그렇게 익힌 '공감 능력'은 '체험적 공감 능력'이라 부를 수 있을 만큼 가장 인간적이고 뛰어난 능력이라 할 수 있다.

그렇기 때문에 '체험적 공감 능력'은 기술이 아무리 발달한다 해도 AI가 절대로 획득할 수 없는 능력이며, 인간만이 발휘할 수 있는 능력이라는 점은 더 이상 말할 필요도 없을 것이다.

젊은 시절의 고생,
정말 사서 해야 하는 것일까?

그리고 이러한 '체험적 공감 능력'이 개인의 인생이나 일에 대한 다양한 경험을 통해 익힐 수 있는 것이라는 점을 이해했다면 우리가 소중히 해야 할 '마음가짐'이 한 가지 있다.

그것은 바로 인생이나 일에서 마주치게 되는 다양한 고생이나 역경을 마다하지 않고 받아들여 거기에서 배울 수 있는 것들을 깊이 있게 배우며 그러한 체험들을 차곡차곡 쌓아 가겠다는 자세이다.

물론 이렇게 말하면 "말은 쉽지만 사실 실천하기는 어려운 일 아닌가요?"라며 거부감을 보이는 독자들도 있을 것이다. 솔직히 말하면 저자 역시도 그렇게 생각한다.

이럴 때 생각나는 유명한 말이 있다.
젊어서 고생은 사서도 한다!!
저자 역시, 젊은 시절 자주 듣던 말이다.

하지만 솔직히 말해 이 말을 들을 때마다 의구심과 거부감이 생기곤 했다.
"말이 쉽지, 솔직히 인생에서 고생은 적을수록 좋은 것 아닌가"라고 말이다.
그렇지만 이후 반세기 이상의 세월을 지나오면서 인생이나 일에 있어 다양한 역경에 맞닥뜨리며 힘들고 고통스러운 경험을 해온 지금, 이 말이 얼마나 소중한 말이었는지를 통감하게 된다.
왜냐하면 자신이 인생이나 일에 있어 다양한 고생을 경험해 본 사람일수록 고생하는 사람의 마음을 이해할 수 있으며, 그 사람의 모습에 자신을 투영해 공감할 수 있기 때문이다. 그리고 그러한 깊은 공감으로부터 사람과 사람 사이의 심도 있는 커뮤니케이션이 형성되는 것이다.

그렇다면 우리는 가끔 가던 발걸음을 잠시 멈추고, 스스로에게 한 가지 질문을 던져 봐야 하겠다.

"나는 지금까지의 인생과 일에 있어서 어떠한 고생을 해보았는가?"

이 질문을 가슴에 품고 자신의 인생과 업무 경험들을 되돌아봐야 할 것이다.
이렇게 말하고 보니 저자가 젊은 시절 겪었던 사소한 고생담들이 새삼 떠오른다.

'당신이라면 우리 심정을 이해해 줄 거라고 생각해요'라는 생산직 근로자의 한마디

대학원을 졸업하고, 민간기업에 입사했을 때의 일이다.
신입사원 연수가 시작되기 전 인사팀으로부터 한 통의 연락을 받았다.
"기본적으로 신입사원들은 모두 지방에 있는 공장에서 반년간 현장 연수를 받게 되어 있거든요. 그런데 본인은 박사 과정 수료자라 꼭 현장 연수를 받을 필요는 없는데 어떻게 하시겠어요?"
질문을 듣고 잠깐 고민에 빠졌지만 이때가 아니면 해볼 수 없는 경험이기에 현장 연수에 참여하기로 결정했다. 그리고 얼마 후 공장으로 발령을 받게 된 저자는 작업복에 안전모, 안전화를 착용한 채 생산 현장에 투입되었다. 계속되는 밤샘 근무는 덤이었다.
현장 근무는 생각했던 것보다 훨씬 고된 노동 업무였지만, 저자 자신에게 상당히 의미 있는 시간이 되었다. 왜냐하면 고등학교를 졸업하고 입사한 많은 현장 직원들이 인간의 생활에 도움을 주는 제품을 만들어 내기 위해 얼마나 힘든 작업에 참여하고 있는지를 실감할 수 있는 기회가 되었기 때문이다.

그러던 어느 날 밤샘 작업을 마치고 날이 밝았을 때 한 연배가 있으신 직원분이 저자에게 다가와 이런 말씀을 하셨다.

"당신은 대졸자라 몇 개월 있으면 본사로 되돌아가겠죠. 그런데 본사에 돌아가서 꼭 전달해줬으면 하는 이야기가 있어요. 여기 현장 환경은 정말 열악하죠. 제 눈을 한 번 봐 봐요. 매일 황산 가스에 노출되다 보니 항상 충혈되어 있어요. 병원에 가 봐도 이미 만성화돼서 낫질 않아요. 제발, 이 현장 환경을 어떻게든 바꿔줬으면 해요. 당신이라면 우리 심정을 이해해 줄 거라고 생각해요."

그때 그분의 표정이 지금도 잊혀지지가 않는다.
그리고 그날, 기숙사로 돌아가자마자 몇 시간에 걸쳐 본사에 제출할 리포트를 작성했던 기억이 아직도 생생하다. 일개 신입사원의 리포트가 어느 만큼 개선으로 이어질지는 알 수 없지만, 저자 자신도 황산 가스로 인한 눈의 충혈과 기침으로 고생하고 있었던 터라 더욱이 그분의 간절함이 무겁게 다가왔다.
물론 공장 현장에서 저자가 겪은 고생담은 현장 근로자들의 그것에 비하면 어린아이 투정과 같은 수준이라 할 수 있을 것이다. 그렇지만 그때 현장에서 체험한 것들이 본사로 되돌아 온 이후에 현장 근로자들과 함께 업무를 진행할 때 큰 도움이 되었다. 다소나마 현장 직원들과 공감대를 형성할 수 있었기 때문이다.

다시 앞서 말한 이야기로 되돌아 가서
'젊어서 고생은 사서도 한다'
저자도 젊은 시절엔 이 말을 들으면 꼰대 같은 소리라는 생각이 절로 들었다. 하지만 지금 와서 보니 이 말이야말로 사실 '가장 현실적인 말이 아닌가?' 라는 생각이 든다. 젊은 시절 어렵고 힘든 일도 두려워하지 말고 부딪혀 보면 그런 고생의 경험들을 통해 타인에 대한 깊은 '공감 능력'을 키울 수 있으며, 어떤 세상에서도 스스로를 지켜낼 수 있는 힘의 원천을 얻을 수 있기 때문이다.

더불어 이러한 '체험적 공감 능력'을 갖게 됨으로써 훌륭한 '커뮤니케이션 능력'과 '대인관계 능력' 역시 키워나갈 수 있게 될 것이다.

부하직원들이 느끼는 '고생 한 번 안해본 상사'와 '고생 좀 해본 상사'의 차이

그런데 우리가 인생을 살아가면서 또는 일을 하면서 겪은 고생을 통해 익힌 '공감 능력'은 '대인관계 능력'을 향상시키는 데만 한정되는 것이 아니다. 이는 5장에서 이야기할 '조직 능력'을 향상시키는 데 있어서도 아주 중요한 요소가 되며, 뛰어난 리더가 되기 위한 필수 요소이기도 하다. 그 이유는 사실 자신이 다니고 있는 직장만 살펴봐도 알 수 있다. 직원들이 모이면 자연스럽게 하게 되는 상사의 뒷담화에서 리더를 향한 비난의 목소리들이 나오기 때문이다.

'고생 한 번 안해본 사람'

만약 여러분 중 누군가가 자신이 속한 조직이나 팀에서 리더가 되었을 때 부하직원이나 팀원들이 자신을 두고 뒤에서 저런 말을 한다면 참 씁쓸한 상황이 아닐 수 없다.

게다가 부하직원 또는 팀원들이 자신을 따르지 않고 오히려 그들의 마음이 떠나갈 때도

"○○ 팀장님은 고생해 본 적이 없어서 그런가, 부하직원들이 얼마나 힘든지 이해를 못한다니까"

라는 비난의 목소리가 들리는 경우가 많은 게 사실이다.

하지만 이와 정반대의 경우도 있다.

직장 내에서 부하직원이나 팀원들로부터 인망이 높은 리더들은 종종

"○○ 팀장님은 본인도 고생해 본 경험이 있어서 그런지, 우리 마음을 잘 이해해 주셔"

라는 말을 듣곤 한다.

이처럼 부하직원이나 팀원들은 리더가 지금까지의 인생이나 업무에 있어 어떠한 고생을 겪어 왔는지를 금방 알아채 버린다. 만약 나름의 고생을 경험해 온 리더라면 그가 겪은 경험들은 그대로 부하직원이나 팀원들에 대한 '공감 능력'으로 발휘되어 커뮤니케이션뿐만 아니라 '리더십' 역량도 강화해 나갈 수 있을 것이다. 이는 어떤 분야에서든 혹은 어떤 조직에서든, 공감 능력이 부족한 리더를 사람들은 따르지 않기 때문이다.

따라서 만약 여러분이 조직이나 팀에서 리더가 되어 '매니지먼트 능력'이나 '리더십'을 발휘해야만 하는 위치에 놓이게 된다면 다음의 두 가지를 자문해 봐야 한다.

첫 번째, 지금까지 인생을 살아오면서 또는 일을 하면서 어떠한 '고생'을 경험해 왔는가?

두 번째, 그 경험을 통해 타인의 고난과 역경에 대해 얼마나 공감할 수 있게 되었는가?

게다가 위의 두 가지 질문은 앞으로 다가올 AI 시대에 점점 더 그 중요성이 강조될 것이다. 이유는 굳이 말할 필요도 없겠지만 이러한 '체험적 공감 능력'과 그것을 토대로 형성되는 '대인관계 능력', '조직 능력'은 아무리 뛰어난 인공지능이라 할지라도 절대 발휘할 수 없는 능력이기 때문이다. 다시 말해 기쁨도 슬픔도 맛볼 수 있는 '살아있는 인간'만이 발휘해낼 수 있는 능력이기 때문이다.

훌륭한 리더는 고생을 두려워하지 않으며 오히려 성장의 발판이 된다고 믿는다

그런데 '고생을 경험해보는 것'이 후에 얼마나 소중한 자산이 되는지를 이야기하면 다음과 같은 말을 하는 사람들이 있다.

"고생을 해봐야 한다는 말의 의미는 알겠어요. 그렇지만 누구든지 고생하고 싶어하지는 않잖아요?"

저자 역시 이 말에 동의한다. 솔직히 고생하고 싶어하는 사람이 어디에 있겠는가?

하지만 만약 여러분이 조직이나 팀에서 리더의 자리에 오르게 된다면 이

'고생'이라는 것에 대해 깊게 생각해봐야 할 '한 가지 중요한 질문'이 있다.

'인생에서 맞닥뜨리게 되는 고생'에 대해 어떻게 생각하고 있는가?

그럼, 이 질문이 중요한 이유는 무엇일까?

그것은 만약 여러분이 '인생에서 고생은 적을수록 좋다' 혹은 '어떻게 하면 조금이라도 고생을 덜 하며 살아갈 수 있을까?'라는 생각을 가지고 있다면 조직의 리더가 되었을 때 부하직원이나 팀원들을 격려해 주면서 이끌어 나갈 수 없기 때문이다.

일에 있어 새로운 목표를 달성하기 위해 도전하다 보면 반드시 고난과 역경에 직면하게 된다. 그럴 때 부하직원이나 팀원들에게 아무리 말로 '파이팅'을 외친다 한들, 리더 자신이 '고생'하는 것에 대해 부정적이라면 말로 하지 않아도 팀원들에게 고스란히 전달되게 된다. 그리고 팀원들 또한 고생하는 것에 대해 부정적으로 받아들이게 되는 것이다. 때문에 리더에게는 '고생에 대해 어떻게 생각하는가?'라는 질문이 던져지는 것이다.

그렇다면 우리는 인생이나 일에 있어서의 고생에 대해 어떠한 생각을 가져야만 할까? 답은 명확하다.

'고생의 경험 안에서 비로소 우리는 성장해 나갈 수 있다'

바로 이런 생각을 가져야만 할 것이다.

솔직히 인생이나 일에 있어 직면하게 되는 고난을 기꺼이 받아들이겠다고 생각하는 사람은 아마 없을 것이다. 저자도 마찬가지이다. 하지만 오랜 세월을 겪어 온 지금, 인생을 되돌아보면서 한 가지 깨달은 진실이 있다.

'과거에 고생했던 경험이나 역경이 자신의 성장에 밑거름이 되었다'

때문에 우리는 앞서 언급한 '인생에서 고생은 적을수록 좋다'거나 '어떻게 하면 조금이라도 고생을 덜 하며 살 수 있을까?'와 같은 안일한 인생관을 가져서는 절대 안 된다.
그렇다면 우리는 어떠한 인생관을 가져야 할 것인가?

인생이나 일에 있어 우리가 마주하게 되는 고난과 역경 그리고 고생의 경험은 '나'라는 한 인간을 성장시켜 주는 밑거름이 될 것이며, 그 고난과 역경, 고생에는 모두 깊은 의미가 있다. 그러므로 그 의미를 생각하며 헤쳐나갈 때 비로소 우리는 한층 성장할 수 있다.

바로 이러한 인생관을 가져야 한다고 말하고 싶다.
또한 이것이야말로 뛰어난 경영자나 리더가 가져야 할 인생관이라 하겠다.

참된 리더가 가져야 할
'궁극의 역경관'

지금 이 책을 읽고 있는 여러분 중에도 이미 자신이 속한 팀이나 조직에서 리더를 맡고 있는 분들도 있을 것이다. 어떤 조직이나 팀이든 고난과 역경에 직면했을 때 리더를 중심으로 팀원 전체가 힘을 합쳐 한마음으로 직면한 어려움들을 극복해 나가는 것이 요구된다.

이때 리더가 부하직원이나 팀원들에 대해 신념을 갖고 다음과 같은 말을 건넬 수 있다면 그 조직은 분명 직면한 어려움들을 극복하고 더불어 발전해 나갈 수 있을 것이다.

"최선을 다 했지만 또 다시 이러한 어려움에 직면하게 된 것은 우리 모두를 성장시키기 위해 주어진 기회라고 생각합니다.

지금은 힘들겠지만 이 어려움을 극복함으로써 우리는 한층 성장할 수 있습니다. 그리고 훌륭하게 맡은 일을 완수할 수 있게 될 것입니다.

그러므로 지금 직면한 이 어려움들을 극복해 우리 모두 한층 발전해 가도록 합시다. 더불어 세상에 도움이 될 만큼 훌륭한 성과를 만들어 갑시다"

여러분이 리더로서 굳은 신념을 가지고 이렇게 말한다면 여러분이 이끄는 조직 또는 팀은 상상 이상의 훌륭한 능력을 발휘해 나갈 수 있을 것이다. 즉, 경영자나 리더에게 궁극적으로 요구되는 것은 다름 아닌 '역경관'이라는 것이다. 인생이나 일에 있어 마주치게 되는 고생과 고난, 실패와 패배, 좌절과 상실감 같은 '역경'을 어떻게 받아들이느냐, 혹은 어떻게 해석하느냐 라는 것에 대해 역경을 대하는 관점이 중요하다는 말이다.

게다가 이러한 역경관의 근본에는 한 가지 중요한 각오가 있어야 한다. 그것은 바로
"인생에서 주어지는 모든 역경에는 깊은 의미가 있다"라는 다짐이다.

그리고 이러한 각오를 다지며 역경을 헤쳐나갈 때 함께 한 팀원들의 마음속에서 리더에 대한 신뢰와 확신이 생겨나게 되는 것이다. 이는 곧, 여러분이 훌륭한 리더로서의 '대인관계 능력'과 더불어 '조직 능력'을 갖게 되었다는 증명인 셈이다.
다음 장에서는 그에 대한 이야기를 해보도록 하겠다.

제5장

AI 시대에 요구되는 '조직 능력'이란 무엇인가?

'관리'가 아닌
'마음을 매니지먼트하는 능력'과
'성장 리더십'을 익힐 것

매니지먼트 업무의 대부분도
AI가 대신하는 시대

앞서 4장에서 이야기한 '대인관계 능력', 즉 고도의 '커뮤니케이션 능력'과 '고객 서비스 역량'을 익히고 연마했다면 다음으로 더욱 중요한 또 하나의 능력을 익히는 것이 우리의 과제라 하겠다.

그것은 바로 조직 능력!!

이미 4장 후반부에서 조금 다루어 보았지만 '조직 능력'이란 리더로서 조직이나 팀을 이끌어 나가면서 매니지먼트를 관리하는 능력을 말한다. 이는 기본적으로 '매니지먼트 능력'과 '리더십 역량'이라는 두 가지 능력에 의해 발휘된다.

그렇다면 이 '매니지먼트 능력'과 '리더십 역량'은 앞으로 다가올 AI 시대에 어떻게 변화해 갈 것인가? 그리고 그때 우리는 새로이 어떠한 능력들을 익히고 연마해야만 할 것인가?

5장의 전반부에서는 '매니지먼트 능력'에 대해 그리고 후반부에서는 '리더십 역량'에 대해 각각 이야기해 보도록 하겠다.

먼저 '매니지먼트 능력'은 앞으로 어떻게 변화해 갈 것인가?

이미 언급한 이야기이지만 '매니지먼트' 업무에 대해서는 AI 시대를 맞이하더라도 여전히 인간이 수행하게 될 중요한 업무라고 전 세계 많은 전문가들은 말하고 있다.

예를 들면 1장에서 이야기했듯이 세계 각국의 정상들이 모이는 다보스포럼에서도 향후 AI로 대체되지 않을 인간 고유의 업무로 'Creativity', 'Hospitality', 'Management' 이렇게 세 가지 능력이 요구되는 업무들이 거론되었다.

그런데 사실은 이 'Management' 업무에 대해서도 향후 AI가 많은 부분을 대체해 갈 것이다.

왜냐하면 'Management'라는 단어가 '경영 관리'라는 말로 번역되어 온 것만 봐도 알 수 있듯이 그 대부분을 '관리 업무'가 차지하고 있기 때문이다. '관리 업무'란 쉽게 말해 '사람, 물건, 돈'을 관리하는 것으로 '인사 관리', '자재 관리', '예산 관리' 등의 업무를 비롯해 효율적 생산을 위한 '공정 관리'나 프로젝트 전반에 걸친 '프로젝트 관리' 등의 업무가 이에 해당된다.

확실히 지금까지는 기업 또는 조직 운영에 있어 이러한 관리 업무는 매우 중요한 부분이었다. 하지만 앞으로 다가올 미래에는 이러한 업무의 대부분을 AI가 대신하게 될 것이며, 실제로 이미 많은 분야에서 AI로의 대체를 추진하고 있다. 최소 비용으로 최대 이익을 실현하고 가장 효율적인 업무 순서를 판단해 최단 시간 안에 업무를 완수할 수 있도록 논리적이면서도 빠른 판단을 할 수 있다는 점에서 이미 '재무 관리', '공정 관리' 등 많은 부분에서 다양한 형태로 AI의 도입이 진행되고 있다.

또한 인사 관리 업무에서도 최적의 인사 배치 등을 판단하는 일부터 직원의 업무에 대한 열정 등을 평가하는 고차원적인 업무까지 AI가 그 영역을 확대해나가고 있다. 예를 들어 한 대기업에서는 사원 개개인의 성격이나 근무 상황, 주변 평가나 업무 성과 등의 정보를 AI를 통해 분석해 각 사원들이 퇴직서를 제출할 가능성을 미리 파악하고 그에 대한 적절한 대책을 세우고 있다고 한다.

그렇다면 위에서 말한 것처럼 관리 업무의 대부분이 AI로 대체되어 갈 시대에 우리 인간만이 할 수 있는 매니지먼트 업무에는 어떤 것이 있을까? AI로는 불가능한 고도의 매니지먼트 업무란 도대체 어떤 것일까?

인간에게만 가능한 '궁극의 매니지먼트'란 무엇인가?

그것은 바로 '마음을 매니지먼트하는 것'이다. 마음을 매니지먼트 한다? 다소 생소하게 느낄 수도 있는 이것은 우선 다음의 두 가지를 포함한 매니지먼트 역량을 의미한다.

첫 번째, 공감과 협업을 매니지먼트하는 것
부하직원이나 팀원들이 자발적으로 창의력과 공감 능력, 협업 능력을 충분히 발휘하여 서로 협력해 뛰어난 업무 성과를 올릴 수 있게 만드는 것

두 번째, 일의 보람을 매니지먼트하는 것
부하직원이나 팀원들이 각자 맡은 일에 대한 의미와 가치를 발견하여 일의 보람 또는 삶의 보람을 느낄 수 있게 만드는 것

위의 두 가지를 통해 인간의 '마음을 매니지먼트하는 것'이야말로 급격한 정보 혁명과 더불어 AI의 보급이 확대되고 있는 21세기 고도 지식 정보화 사회에서 관리자 혹은 리더의 역할을 수행하는 사람들에게 가장 고차원적이며

중요한 업무가 될 것이다. 왜냐하면 이는 앞으로 인공지능 기술이 아무리 발달한다 하더라도 결코 대체될 수 없는 인간에게만 가능한 영역이기 때문이다.

그렇다면 인간의 '마음을 매니지먼트'하기 위해서 우리가 갖추어야 할 능력에는 무엇이 있을까?

그런데 이에 대한 해답을 찾기 위해서는 먼저 이해하고 넘어가야 할 중요한 사실 한 가지가 있다. 그것은 바로 앞으로의 고도 지식 정보화 사회에서는 '매니지먼트'에 대한 근본적인 패러다임의 전환이 요구되게 된다는 점이다. 패러다임의 전환? 이건 또 무슨 의미인가?

'마음을 매니지먼트한다'는 것은 '마음을 관리하는 것'이 아니다

그것은 바로 매니지먼트 시스템이 전통적 '컨트롤 매니지먼트'에서 '애자일[1] 매니지먼트'로 패러다임 전환을 하게 된다는 의미이다.

여기에서 말하는 '컨트롤 매니지먼트'란 부하직원 혹은 팀원들을 '조종 또는 관리'의 대상으로 보는 관점의 매니지먼트로 기업의 경영 목표를 위해 그들을 어떻게 하면 효율적으로 일하게 만들어 생산성을 높일 것인가? 라는 발상

---

1) 애자일(Agile)이란 '기민한', '민첩한'이라는 뜻의 형용사로 급변하는 시장 상황에 기민하게 대응하기 위해 소프트웨어 기업들이 도입하기 시작한 개념이다. 조직 환경에 있어 전통적인 피라미드 조직 체제의 상명하달식 수직적 구조가 아닌 직원 개개인의 오너십을 중시하는 셀 조직 기반의 수평적 구조 내에서 필요에 따라 국소적으로 협업하는 시스템을 말한다. – 역주

에 기초한 매니지먼트 스타일을 말한다. 이는 공업화 사회에서 주류가 되었던 '군대식 조직'을 토대로 한 매니지먼트 방식으로 '관리형 매니지먼트'라는 말로 바꿔 부를 수 있다.

한편 '애자일 매니지먼트'란 부하직원이나 팀원들에게 자율성을 부여해 그들 스스로가 자발적으로 행동할 수 있게 함으로써 결과적으로 새로운 기술이나 상품, 서비스 또는 비즈니스가 신속하고 유연하게 실현되도록 촉구하는 매니지먼트 스타일을 말한다.

이는 앞으로의 고도 지식 정보화 사회에서 주류가 될 매니지먼트 방식이며, 정보 혁명에 의해 기업이나 조직에서 그 복잡성이 점차 증가해 이른바 Complex System(복잡계)으로 변화하게 되면 '창발성(創發性)'이나 '자기 조직화'(한 시스템 안에 있는 구성 요소들이 복잡하게 얽힌 상호관계를 통해 자발적으로 시스템 내부의 조직을 개조하고 변경함으로써 환경에 적응해 가는 것)가 발생하게 된다는 점에서 '콤플렉스 시스템 매니지먼트'로도 부를 수 있다.

따라서 '마음을 매니지먼트한다는 것'은 부하직원이나 팀원들을 기업의 목적이나 목표에 맞춰 조종하려 하는 '컨트롤 매니지먼트' 패러다임이 아니라 부하직원이나 팀원들의 자율성과 자발성을 중시하는 '애자일 매니지먼트' 패러다임이며, 앞으로의 고도 지식 정보화 사회에서는 극히 중요해질 매니지먼트 방식이라 하겠다.

다시 말해 '마음을 매니지먼트 한다는 것'은 부하직원이나 팀원들의 '마음'을 리더가 원하는 방향으로 바꾸려 하는 것이 아니라 그들의 입장에서 그들의 '마음'이 자연스럽게 서로에 대한 공감 능력을 높이고 업무에 대한 보람을 느낄 수 있도록 지원하는 것이다.

앞서 '마음을 매니지먼트하는 것'이란 '부하직원이나 팀원들이 자발적으로 창의력과 공감 능력, 협업 능력을 충분히 발휘하여 서로 협력해 뛰어난 업무 성과를 올릴 수 있게 만드는 것'(공감과 협업을 매니지먼트하는 것) 그리고 '부하직원이나 팀원들이 각자 맡은 일에 대한 의미와 가치를 발견하여 일의 보람 또는 삶의 보람을 느낄 수 있게 만드는 것'(일의 보람을 매니지먼트하는 것)이라고 말했다. 하지만 이는 어디까지나 위에서 '컨트롤'하는 것이 아니라 자연스럽게 그러한 상태가 되도록 만들어 내는 매니지먼트 방식이라 하겠다.

그렇다면 이때 리더가 해야 할 일은 무엇일까?

리더의 마음자세가 '성장의 장'을 만들어 낸다

무엇보다 리더 자신이 기존의 관리자형 리더에서 벗어나 전문가로서 자발성을 가지고 창의력과 공감 능력, 협업 능력을 십분 발휘해 나가야 한다. 그리고 리더 스스로가 자신의 일에 의미와 가치를 발견하여 일의 보람과 더불어 삶의 보람을 느낄 수 있어야 한다.

'컨트롤 매니지먼트' 방식에 익숙한 독자들이라면 이러한 말을 듣고 '뭐야'라며 다소 맥이 풀릴지도 모르겠다. 하지만 '애자일 매니지먼트'란 여러 가지

컨트롤 테크닉을 통해 부하직원이나 팀원들의 '마음 상태'를 바꾸려고 하는 것이 아니라 그들의 '마음 상태'를 능동적이고 긍정적인 방향으로 변화해 갈 수 있는 '장'을 만들어 내는 매니지먼트 방식이다.

즉, 리더 스스로가 자발성을 가지고 창의력과 공감 능력, 협업 능력을 발휘해 일의 가치와 의미를 발견하여 일하는 보람, 삶의 보람을 느낄 수 있다면 자연스럽게 조직 내에도 그러한 분위기가 형성된다는 것이다. 그리고 그 안에서 부하직원이나 팀원들 또한 자발적으로 창의력과 공감 능력, 협업 능력을 발휘해 자신의 일에 대한 의미와 가치를 찾아 일의 보람과 삶의 보람을 느낄 수 있게 되는 것이다.

옛말에 '부하직원은 상사에 대한 마음의 거울' 또는 '직장의 분위기는 리더에 대한 마음의 거울'이라는 말도 있듯이 '마음을 매니지먼트하는 것'이란 어떤 의미에서 보면 이러한 격언들을 실천하는 매우 수준 높은 매니지먼트 방법이라고도 할 수 있다. 때문에 이 '마음을 매니지먼트하는 것'에는

첫 번째, 공감과 협업을 매니지먼트하는 것
부하직원이나 팀원들이 자발적으로 창의력과 공감 능력, 협업 능력을 충분히 발휘하여 서로 협력해 뛰어난 업무 성과를 올릴 수 있게 만드는 것
두 번째, 일하는 보람을 매니지먼트하는 것
부하직원이나 팀원들이 자신이 맡은 일에 대한 가치와 의미를 발견하여 일의 보람 또는 삶의 보람을 느낄 수 있게 만드는 것

이런 두 가지에 덧붙여 한 가지 더 중요한 역할이 있다.

모든 리더들이
'카운셀러'가 되는 세상이 온다

그것은 바로
세 번째, 성장을 지원하는 매니지먼트
부하직원이나 팀원들의 불만이나 불안감 혹은 고민에 대해 진지하게 귀를 기울이며, 그러한 불만이나 고민을 계기로 그들이 인간적으로 성장해 나갈 수 있도록 지원하는 것이다.

이는 어떻게 보면 부하직원이나 팀원들에 대한 '카운셀링'이라 할 수 있으며, 때로는 '코칭'이라는 표현으로 바꿔 말할 수 있는 업무이기도 하다. 물론 카운셀링이나 코칭은 현재 하나의 전문 직업 분야로써 존재하고 있지만 앞으로 다가올 시대에는 외부의 전문가들에게 전적으로 일임하는 것이 아니라 리더 스스로가 카운셀링과 코칭의 두 가지 역할을 수행할 수 있는 역량을 갖도록 요구되게 될 것이다.

여기에서는 가장 고차원적이면서 중요한 기법인 '카운셀링'에 대해 소개해 보도록 하겠다.
이것은 말로 표현하기에 다소 소박한 기법이며 바로 실천에 옮겨 볼 수 있을 만큼 간단해 보이지만 이 기법을 진짜로 실천하는 것은 사실 그렇게 쉬운 일은 아니다. 하지만 만약 여러분 중 누군가가 리더로서 해당 기법을 익혀 현장에서 활용한다면 부하직원이나 팀원들의 마음에 신기할 정도로 긍정적인 변화가 찾아오는 것을 느끼게 될 것이다.

만약 여러분 중에 이 기법을 현장에서 실천함으로써 무언가 긍정적인 변화 또는 보람을 맛본 독자들이 있다면 이미 '카운셀링'에 관한 수많은 서적들이 나와 있으니 참고해 보길 바란다. 또한 이 '카운셀링'을 기점으로 '코칭' 기법에 대해서도 흥미를 넓혀 가길 바란다. 왜냐하면 현재는 '카운셀링'과 '코칭'이 서로 다른 분야로 여겨지고 있지만 앞으로 이 두 가지 기법은 '마음을 매니지먼트 한다'라는 의미에서 봤을 때 서로 심화 융합되어 갈 것이기 때문이다.

'카운셀링' 기법에는 다양한 방법들이 있겠지만 저자에게 있어 가장 도움이 된 방법을 꼽으라면 주저없이 카와이 하야오 선생(일본의 심리학자이자 前 문화청 장관)의 '카운셀링론'을 들 수 있겠다. 특히 그 중에서도 '경청'의 기법은 '마음을 매니지먼트한다는' 의미에서 많은 영향을 받은 기법이다.

경청이 불러오는 기적

최근 들어 직장 내 괴롭힘이나 집단 따돌림, 상사의 갑질 문제 등 인간관계에 얽힌 여러 문제들로 고민하는 사람들이 많아졌다는 이야기를 종종 듣게 된다. 게다가 그런 문제들이 우울증으로 이어져 심하게는 스스로 목숨을 끊는 일도 발생할 정도로 심각한 사회 문제가 되고 있다. 상황이 이렇다 보니 기업들은 관리자나 리더에게 부하직원 또는 팀원들과의 정기적 면담 진행이라는 새로운 업무를 부여하게 되었는데, 이때 관리자 또는 리더들에게 필요한 것이 바로 '경청'의 기법이다.

그럼 '경청'이란 무엇일까?

한마디로 말하자면 상대방의 이야기를 표면상으로 듣기만 하는 것이 아니라 상대방의 이야기에 대해 깊게 공감하는 마음가짐을 가지고, 말과 그 내면에 깔린 감정들까지 자신의 마음 속 깊은 곳에 전달되도록 듣는 것이다.

이때 유념해야 될 것이 한 가지 있는데, 바로 '상대방이 생각하는 진실'이라는 것이다.

왜냐하면 많은 사람들이 면담이나 고민 상담 등을 통해 부하직원이나 팀원들의 이야기를 들을 때 자칫 자신의 가치관을 기준으로 상대방의 이야기를 판단해 버리는 실수를 범하기 때문이다. '자신이 생각하는 진실'을 기준으로 판단하며, 때로는 상대방을 자신의 잣대로 판가름해 버리게 되는 것이다.

예를 들어 한 부하직원이 팀장에게 사직서를 내밀며 이렇게 말했다고 상상해보자.

"팀장님, 저 ○○ 선배와는 더 이상 함께 일 못하겠어요. 후배를 일하는 기계로만 생각하는 사람과는 도저히 함께 일할 수 없어요. 더 이상 이 지긋지긋한 곳에 있고 싶지 않아요."

조금 극단적인 예일 수도 있지만 어쨌든

이때 팀장은 표면상으로는 부하직원의 이야기를 묵묵히 듣고 있었지만 만약 마음 속으로

"음, 그건 좀 지나친 망상이 아닌가? 내가 보기에 ○○씨는 그런 사람은 아닌 것 같은데"

"지긋지긋한 곳이라니 밖에 나가 봐봐, 이 정도 되는 직장이 어디 있는 줄

아나?"

이런 생각들을 하고 있다면?

물론 팀장의 생각은 사회적 상식에 미루어 볼 때 완전히 틀렸다고 할 수는 없을 것이다. 하지만 카운셀링 관점에서 봤을 때 반드시 옳다고도 할 수 없다. 이유는 앞서 말한 것과 같이 자신의 사고방식으로 부하직원의 이야기를 듣는 한, 그것은 단지 이야기를 듣고 있는 것일 뿐 '경청'하고 있는 것이 아니기 때문이다.

만약 여러분이 진심으로 부하직원이나 팀원들의 말에 귀를 기울여 '경청'하고 싶다면 '상대방이 생각하는 진실'이라는 것이 매우 중요한 의미를 갖게 된다. 즉, 예시에 등장한 부하직원이 'OO 선배는 후배를 일하는 기계로만 본다', '이런 지긋지긋한 곳에 더 이상 있고 싶지 않다'라고 말한 것은 지금 그에게 OO 선배는 후배들을 일하는 기계로만 보는 사람이며, 회사는 더 이상 다니고 싶지 않은 지긋지긋한 곳이라는 점이 바로 그가 생각하는 진실인 것이다.

그렇다면 이때 팀장은 속으로 부하직원의 말을 '지나친 망상이다'라며 비판적으로 판단하며 들을 게 아니라 '그랬구나. 이 친구에게 OO씨는 후배를 일하는 기계로만 생각하는 사람으로 보였구나. 그러니 회사도 더 이상 다니고 싶지 않은 지긋지긋한 곳으로 생각되었겠구나. 나름 마음 고생이 많았겠군'이라며 공감하는 마음을 가지고 그의 말을 '경청'해야 할 것이다.

단, 이때 '경청'이라는 건 부하직원이 하는 말을 '그대로 받아들이라는' 의미는 절대 아니다. 또한 그가 하는 말에 대해 어떠한 판단을 내리라는 의미도 아니다.

'경청'의 가장 중요한 포인트는 부하직원이나 팀원들이 어떠한 이의 제기를 하거나 주장을 하더라도 한 번쯤은 '그들이 생각하는 진실'의 관점에서 생각해 보며, 그들이 겪고 있을 괴로움에 대해 한 사람의 인간으로서 '공감' 해보라는 것이다.

이미 이야기했듯이 이 '경청'의 기법은 말하기는 쉽지만 실제로 그것을 실천하기란 결코 쉬운 일이 아니다.

그렇지만 만약 여러분이 깊은 공감의 마음가짐을 가지고 부하직원이나 팀원들의 말에 귀를 기울인다면 신기할 정도로 그들의 마음 속에는 긍정적인 변화가 일어나게 될 것이다. 그리고 때로 그들은 우리의 상상을 초월하는 엄청난 마음의 성장을 이루어 내게 될 것이다.

이는 관리자와 리더의 길을 걸어오면서 저자가 경험한 것이며, 그로 인해 소중한 많은 것을 배울 수 있었다고 생각한다.

이처럼 리더의 자리에 있는 사람들은 '마음을 매니지먼트하는 것'의 세 번째 역할, 즉 '성장을 지원하는 매니지먼트' 역할을 완수하기 위해 '경청'을 비롯한 여러 '카운셀링' 기법들을 익힐 필요가 있다. 또한 가능하면 그와 동시에 '코칭' 테크닉도 함께 익혀 나가는 것이 바람직하다 하겠다. 이유는 이미 앞에서도 언급했지만 앞으로 '카운셀링'과 '코칭'의 기법은 점점 더 성숙해짐에 따라 서로 융합해 나갈 것이기 때문이다.

AI 시대에 인간만이 수행할 수 있는
'세 가지 매니지먼트'

이상, 앞으로 다가올 AI 시대에는 인간만이 수행할 수 있는 고도의 매니지먼트인 '인간의 마음을 매니지먼트하는 것'이 중요해질 것이라는 이야기와 그 '세 가지 역할'에 대해 이야기해 보았다.

> 첫 번째 공감 협업을 매니지먼트하는 것
> 두 번째 일의 보람을 매니지먼트하는 것
> 세 번째 성장을 지원하는 매니지먼트

그런데 이러한 인간의 '마음을 매니지먼트하는 것'은 리더의 마음가짐을 통해 부하직원이나 팀원들이 성장해 갈 수 있는 장을 만들고, '경청'의 기법을 활용해 그들의 성장을 지원해야 한다는 것에서 알 수 있듯이 어떤 즉각적인 효과가 나타나기를 기대할 수 있는 것은 아니다. 오히려 '즉각적 효과'를 지향하는 '컨트롤 매니지먼트'가 초래하는 부작용들을 방지할 수 있는 매니지먼트 방식이다.

본서에서는 이 세 가지 역할 중에서도 가장 실천하기 어려운 '성장 지원에 대한 매니지먼트'를 거론하며, 특히 '카운셀링' 기법 중에서도 가장 고도의 기법인 '경청'에 대한 이야기를 해보았다.

그 이유는 부하직원이나 팀원들이 업무에 있어 '자신의 성장에 걸림돌이 될 만한 난관'에 봉착하게 되었을 때 '업무 스킬 부족'과 같은 '기술적 문제'가 아니라 자신감의 상실이나 인간관계에서 오는 갈등 등 '마음의 문제'가 그 원인인 경우가 대부분이기 때문이다.

따라서 부하직원이나 팀원들의 '직업인으로서의 성장'을 지원해주고 싶다면 관리자나 리더들은 그들의 '인간으로서의 성장'을 지원하는 것에서부터 시작해야만 할 것이다.

자, 여기까지 읽어 내려온 여러분은 '인간의 마음을 매니지먼트하는 것'이 얼마나 고차원적이며 성숙한 매니지먼트 방식인지를 이해하게 되었을 것이다. 한 번 더 이야기해 두자면 앞으로 인공지능 기술이 아무리 진보하고 사회 전반으로 보급된다 하더라도 이러한 인간의 '마음을 매니지먼트하는 것'은 다양한 감정을 느낄 수 있는 우리 인간들에게만 가능한 일이며, 또한 인간에게 남겨진 '궁극의 매니지먼트 방식'이 될 것이다.

그러므로 인간의 '마음을 매니지먼트' 할 수 있는 힘을 가지고 있다면 앞으로 다가올 AI 시대에도 한층 더 활약하는 인재가 될 수 있을 것이다.

사람의 마음을 사로잡는 '장악력' 혹은 카리스마 넘치는 '통솔력'도 이제는 옛말

그렇다면 다음으로 '리더십 역량'은 앞으로 어떻게 변화해 갈 것인가? 그리고 이 '리더십 역량'을 어떻게 익히고 향상시켜 나갈 것인가?

이에 대한 답을 알기 위해서는 역시나 먼저 이해하고 넘어가야 할 것이 있다.

그것은 '매니지먼트'와 마찬가지로 '리더십' 역량 또한 앞으로 다가올 시대에는 '컨트롤 패러다임'에서 '애자일 패러다임'으로 전환을 맞이하게 되면서 한층 성숙하고 고차원적인 수준으로 변화하게 될 것이라는 점이다.

20세기를 되돌아보면 20세기의 공업화 사회에서는 앞서 말했듯이 기업과 같은 조직들은 군대식 조직 형태를 모방하는 것에서 탄생해 왔다. 이것은 중앙 집권적 계층형 조직으로 조직 내 상사와 부하의 지휘계통이 명확하여 주어진 권한을 사용해 부하직원들이 조직의 목표를 달성하는 방향으로 움직일 수 있도록 통솔할 수 있어야 뛰어난 리더로 평가받을 수 있었다. 때문에 20세기의 기업 조직에서는 리더의 뛰어난 능력을 표현하는 말로써 '장악력' 또는 '통솔력' 같은 군대 조직에서나 많이 들을 수 있는 말들이 자주 사용되었다.

하지만 21세기에 이르러 이러한 '리더십' 패러다임은 이미 구시대적인 것이 되어 버렸다. 21세기 고도 지식 정보화 사회에서는 조직의 기본이 현장 분권적 수평형 구조로 변화하여 조직 내에서 상사는 부하직원을 지원하는 역할을 담당하게 되었다. 그리하여 기존의 계층형 조직의 리더들처럼 주어진 권한을 사용해 부하직원들을 움직이게 만드는 것이 아니라 그들 스스로 자발성을 가지고 창의력과 협업 능력, 공감 능력을 키워 나감으로써 조직의 목표를 달성해 나갈 수 있도록 이끌어 나가는 것이 리더의 역할이 되었다.

따라서 이러한 새로운 시대에 요구되는 리더십은 앞서 말한 '장악력' 또는 '통솔력'과 같은 힘으로 만들어지는 것이 절대 아니다.

21세기 고도 지식 정보화 사회의 기업이나 조직에 있어 '리더십'이란 단적

으로 말하자면 부하직원이나 팀원들이 한 사람의 리더에 대해
 '함께 일하고 싶은 사람'
 '함께 목표를 향해 나아가 좋은 성과를 이루어 낼 수 있는 사람'
 '함께 성장해 나갈 수 있는 사람'
 이라는 믿음을 가졌을 때 형성되는 것이다.

'리더'란 회사가 선택하는 것이 아니라 부하직원들이 선택하는 것

그러므로 '리더십'이란 단지 한 조직의 리더가 된다고 해서 저절로 생겨나는 것이 아니다. 기업으로부터 부여받은 권한으로 부하직원이나 팀원들에게 지시와 명령을 내리는 것만으로는 '리더십'을 발휘할 수 없다는 말이다. 그런 의미에서 지금도 어딘가의 일터에는 '리더십을 발휘하지 못하는 리더'들이 있다는 현실이 참 안타깝다.

그럼 여러분도 직장 내에서 한 번쯤은 경험해보았을 이야기를 해보겠다.
한 회사에서 새로운 프로젝트를 진행하면서 프로젝트 리더로 A 씨를 임명했다. 그런데 이상하게도 팀원들은 중요한 문제가 있을 때마다 리더인 A 씨가 아닌 서브 리더인 B 씨에게 상담을 하는 것이다. 본래라면 A 씨가 해야 할 역할이지만, 사실 이 팀의 팀원들은 그의 지시대로 일을 진행하고 싶은 마음조차 들지 않을 만큼 A 씨의 판단을 신뢰하지 않고 있었다. 게다가 인간적인 면에서도 B 씨는 인망이 높고 팀원들도 그를 잘 따랐다. 이처럼 리더는 아니지만

실제적인 리더 역할을 하고 있는 B 씨와 같은 사람을 우리는 '숨은 리더'라는 이름으로 부를 수 있다.

그런데 조직 내에 이러한 '숨은 리더'가 나타나는 현상은 사실 여전히 전통적 체제의 틀 안에 갇혀 있는 조직에서는 결코 드문 일이 아니다. 과거 공업화 사회 시절에만 해도 기업으로부터 리더로 임명된 사람은 부하직원들에게 지시와 명령을 내릴 수 있는 권한을 부여받아 나름의 리더십을 발휘해 업무를 진행해 나갈 수 있었다. 하지만 현재의 고도 지식 정보화 사회는 과거와 달리 리더십 자체에 매우 높은 수준의 능력들이 요구되는 시대이기 때문에 이러한 현상이 나타나게 되는 것이다.

부하직원 또는 함께하는 동료들로부터 '함께 일하고 싶은 사람' 나아가 '함께 목표를 향해 나아가 좋은 성과를 이루고 더불어 성장해 나갈 수 있는 사람'이라는 말을 들을 수 있는 정도라면 이는 이미 매우 높은 수준의 능력을 갖추고 있음을 의미한다. 때문에 이러한 고도의 능력은 아무리 기술이 발달하더라도 인공지능이 그 자리를 대신할 수 없는 인간 고유의 능력이기도 하다.
그렇다면 이러한 능력은 어떻게 하면 갖출 수 있을까?

이를 위해서는 다음의 '세 가지 힘'이 필요하다.

팀원들의 마음을 움직일 수 있는 '비전과 뜻'을 제시할 수 있는가?

첫 번째는 신념을 가지고 매력적인 '비전'과 '뜻'을 제시할 수 있는 힘이다.

먼저 리더로서 팀원 모두가 합심한다면 어떤 성과도 이루어 낼 수 있으며, 그로 인해 어떠한 변혁을 불러일으킬 수 있는지를 말할 수 있는 힘, 즉 매력적이고 설득력 있게 '비전'을 제시할 수 있는 힘이 필요하다. 더불어 리더 스스로가 확신과 신념을 가지고 업무 성과를 통해 사회에 어떠한 기여를 할 수 있는지, 그 일이 가지는 '뜻'을 제시할 수 있는 힘이 필요하다.

여기에서 '변혁'이라 함은 어떤 의미에서 보면 이노베이션(혁신)을 뜻한다고 할 수 있다. 예컨대 민간 기업의 근로자들이라면 기업이 제공하는 기술이나 제품, 서비스 또는 비즈니스를 보다 높은 수준으로 향상시켜 가는 것을 말하며, 나아가 이를 통해 시장과 산업, 지역사회 그리고 사회 전반에 걸쳐 어떠한 긍정적 변화를 가져올 수 있는지에 대한 것이라 하겠다.

더구나 인간은 누구나 '사회에 이바지하는 사람이 되고 싶다'는 생각을 품고 살아가는 존재이다. 따라서 리더가 '비전과 뜻'을 설득력 있게 제시한다면 자연스럽게 듣는 사람의 마음 속에 '이 사람과 함께 하고 싶다'는 생각이 생겨나게 될 것이다.

예를 들어 현재 전 세계에 엄청난 영향력을 미치고 있는 구글의 창업자 '래리 페이지'와 '세르게이 브린'은 대학원생 시절 '누구나 전 세계의 정보를 이용할 수 있는 검색 엔진을 만들자'라는 비전을 함께 이야기했다고 한다. 그리고 그 이면에는 '이 기술은 반드시 세상을 더 좋은 방향으로 변화시킬 거라는' 확신에 찬 뜻이 있었다.

이미 세계적인 거대 기업이 된 구글이지만 이 기업에 뛰어난 수많은 엔지니어들이 모여 끊임없는 기술 혁신을 가져올 수 있었던 배경에는 이러한 매력적인 비전과 강한 신념을 바탕으로 한 뜻이 있었다는 것을 잊어서는 안 될 것이다.

이와 관련된 일화로 저자가 젊은 시절 연구원으로 일했던 바텔 기념연구소의 로비에는 「For the Betterment of Human Society」(보다 나은 인류사회를 위해)라는 표어가 붙어 있었다. 그리고 저자가 Global Agenda Council의 멤버로 있던 세계 경제 포럼은 「Improving the State of the World」(세계 정세의 개선을 위해)라는 표어를 걸고 매년 1월 스위스에서 다보스 회의를 개최하고 있다.

이처럼 만약 여러분이 21세기에 요구되는 새로운 리더십을 갖춘 인재가 되고자 한다면 설득력 있는 '비전'과 더불어 스스로 확신과 신념을 가질 수 있는 '뜻'을 제시할 수 있는 힘을 갖는 것이 선결 과제라 할 수 있겠다.

자신의 일터를 눈에 보이지 않는 '성장의 장'으로 만들어 낼 수 있는가?

다음으로 두 번째 힘은 누구보다 강한 '성장에 대한 열망'이다.
이러한 힘이 중요한 이유는 무엇일까?
이유는 간단하다. 바로 아무리 매력적인 비전도 아무리 고귀한 뜻도 단지 그것을 마음 속에 품고 있는 것만으로는 훌륭한 업적을 이루어 낼 수는 없기 때문이다.

일에 있어 어떠한 성과를 이루어 내기 위해서는 리더 자신을 포함한 조직 구성원 한 사람 한 사람이 직업인으로서 그리고 인간으로서 크게 성장해 나가야만 한다. 그럼 어떻게 하면 구성원들의 성장을 지원하고 뒷받침해 줄 수 있을까?

이 부분에 대해서는 사실 다양한 교육법 혹은 지도 방법을 생각해 보는 것 이상으로 중요한 것이 하나 있다. 그것은 바로 한 조직의 리더로서 자신을 따르는 조직 구성원 그 누구보다 강한 성장을 향한 열망을 갖는 것이다.

만약 어떤 조직의 리더가 누구보다 강하게 성장하기를 원하고 더불어 누구보다 열심히 노력한다면 반드시 그가 이끄는 조직 내에는 '성장의 장'이 만들어지게 된다.

그리고 그 '성장의 장' 안에서 조직 구성원들 역시 리더의 영향을 받아 자연스럽게 '성장을 향한 의욕'을 가지게 되면서 그곳에는 '계속해서 성장해 가는 뛰어난 구성원들의 집단'이 형성되게 될 것이다.

이와 관련하여 3장에서 이야기한 '업무가 끝난 직후 대화를 통한 반성 기법', 즉 회의나 미팅 등을 마치고 난 후 리더를 중심으로 팀원들이 한 자리에 모여 반성해봄으로써 팀원들 스스로가 자신의 성장을 위한 과제가 무엇인지를 명확하게 짚어본다. 이 기법은 자연스럽게 팀원들의 마음 속에 있는 '성장 의욕'을 향상시켜 나갈 수 있는 기법이기도 하다.

애초에 '성장에 대한 의욕'이란 위에서 내려진 지시를 통해 생겨나는 것이 아니다. 이는 팀원들 스스로가 리더의 일에 임하는 자세나 태도를 보며 자연스럽게 배워가는 것이다. 하지만 그럼에도 불구하고 여전히 자신의 성장은 젖혀 둔 채 '우리 팀원들은 도대체 왜 늘 저 모양이지? 발전이 없어'라며 불만을 토로하는 리더들이 있다는 건 참 안타까운 현실이다.

먼저 리더 자신이 누구보다 강한 '성장 의욕'을 마음 속에 품고, 그날그날의 맡은 업무를 통해 발전해 나가야 한다. 그러면 저절로 조직 내에 '성장의 장'이 만들어지게 되어 팀원들도 자연스럽게 성장을 향한 발걸음을 한 발짝 내딛기 시작할 것이다. 또한 리더에 대해 '이 사람과 함께 성장해 나가고 싶다'는 확신이 생겨나게 될 것이다.

부하직원이나 팀원의 '가능성'을 굳게 믿고 있는가?

그렇다면 세 번째 힘은 무엇일까? 바로 팀원들의 '가능성'에 대한 굳은 믿음이다. 그럼 이러한 힘이 중요한 이유는 무엇일까?

사실 리더가 제시하는 이상적인 비전과 뜻 뒤에는 많은 고난과 역경이 기다리고 있으며, 또한 장애물들이 길을 가로막고 있어 업무를 완수하는 것이 쉽지는 않다. 따라서 리더 스스로가 '우리 팀은 반드시 이 일을 완수해 낼 수 있다'라는 강한 믿음을 가지고 있지 않으면 업무적 성과를 내기란 결코 쉬운 일이 아니다. 즉, 리더로서 자신이 이끄는 팀의 가능성을 굳게 믿을 수 있어야만 한다는 것이다.

또한 이것은 팀원 한 사람 한 사람에 대해서도 마찬가지이다. 팀원 중 누군가가 슬럼프에 빠지거나 난관에 봉착하게 되더라도 그가 가진 '인간으로서의 가능성'을 믿고, 반드시 난관을 극복해 한층 성장할 수 있을 거라고 믿어줄 수 있어야만 한다. 그리고 이때 리더가 팀원 한 사람 한 사람의 가능성을 믿는다면 그들에 대한 존중을 절대 잊어서는 안 될 것이다.

요즘 '내 생각대로 상대방을 움직이는 방법' 또는 '상대를 내 뜻대로 움직이게 만드는 설득의 기술' 같은 '조작주의' 심리 테크닉에 관한 책들이 눈에 많이 띈다. 하지만 21세기의 리더들은 그러한 '조작주의'에 물들어서는 절대 안 되겠다. 상대가 부하직원일지라도 자신의 눈앞에 있는 한 인간에 대해 존중하는 마음을 가지고 대한다는 자세를 절대 잊어서는 안 될 것이다.

만약 '조작주의'에 빠져 그러한 심리적 테크닉을 구사하는 리더가 된다면 단기적으로는 자신이 원하는 대로 부하직원이나 팀원들을 움직일 수 있을지도 모르겠다. 하지만 머지않아 그런 속마음을 눈치챈 팀원들의 마음은 리더로부터 멀어지게 될 것이다.

반대로 만약 리더가 팀의 가능성과 팀원 한 사람 한 사람이 가진 잠재력을 누구보다 굳게 믿고 있다면 자연스럽게 팀원들의 마음 속에 '이 사람과 함께 일하고 싶다'라는 생각이 생겨나게 될 것이다. 왜냐하면 사람은 높은 경제적 보상이나 사회적 지위에만 이끌려 모여드는 존재는 아니기 때문이다. 사람은 누구나 자신 안에 잠재된 가능성을 믿고, 그 가능성의 꽃을 피울 수 있는 길을 걸어가고 싶은 생각을 가지고 있다.

따라서 그 가능성을 마음 속 깊은 곳에서부터 믿어주는 리더를 만났을 때 자연스럽게 '이 사람과 함께 일하고 싶다. 그리고 함께 성장해 나가 훌륭한 업무 성과를 이뤄내고 싶다'라는 생각이 끓어오르게 되는 것이다.

AI 시대의
새로운 리더상을 목표로

마지막으로 한 번 더 정리해 보도록 하자.

앞으로의 고도 지식 정보화 사회에서는 '매니지먼트'와 '리더십'의 패러다임이 크게 변화될 것이다. 그로 인해 만약 여러분이 새로운 시대에 요구되는 '조직 능력'을 익히고 단련해 가고 싶다면 새롭게 변화될 '매니지먼트'와 '리더십' 역량을 갖춰 나갈 필요가 있다.

이때 새롭게 변화될 '매니지먼트' 역량이란 '인간의 마음을 매니지먼트하는 것'으로

첫 번째, 공감과 협업 능력을 매니지먼트하는 것
  부하직원이나 팀원들에게 공감과 협업을 촉구해 긍정적인 업무 성과를 이루어 내는 것
두 번째, 일의 보람을 매니지먼트하는 것
  부하직원이나 팀원들이 일의 보람 혹은 인생의 보람을 느낄 수 있도록 지원하는 것
세 번째, 성장을 지원하는 매니지먼트
  부하직원이나 팀원들의 마음 속 과제들을 함께 고민해주며 그들 마음의 성장을 지원하는 것

이상의 '세 가지 역할'을 수행하는 것을 말한다.

새롭게 변화될 '리더십' 역량이란 '성장 리더십'이라 말할 수 있는 것으로

첫 번째, 신념을 가지고 매력적이고 설득력 있는 '비전'과 '뜻'을 제시할 수 있는 힘
두 번째, 누구보다 강한 '성장을 향한 열망'
세 번째, 팀원들의 잠재적 '가능성'에 대한 굳은 믿음

이상의 '세 가지 힘'을 통해 팀원들을 격려하고 그들이 발전해 나갈 수 있도록 지원하여 팀원들의 마음을 하나로 모아 뛰어난 업적을 이루어 내는 것이라 하겠다.

게다가 이 두 가지 능력은 AI로 절대 대체할 수 없는 인간만이 발휘할 수 있는 최고의 능력이기에 만약 여러분이 이 두 가지 능력을 갖추게 된다면 단지 'AI에게 도태되지 않는 인재'라는 차원을 넘어 21세기 고도 지식 정보화 사회를 이끌어 나갈 새로운 리더로서 자신의 역량을 최대로 발휘함과 동시에 자신을 믿고 따르는 많은 동료들과 함께 걸어 나갈 수 있게 될 것이다.

에필로그

'AI 실업'의 위기는 능력을 단련할 절호의 기회

자, 이제 마무리 지을 시간이 되었다. 한 번 더 이 책의 요점을 정리해 보도록 하겠다.

현재의 고도 지식 정보화 사회에서 지식 노동 현장의 업무를 수행하기 위해서는 우리에게 다음의 '다섯 가지 능력'이 요구된다.

> 첫 번째   기초 능력(지적 집중력과 지적 지구력)
> 두 번째   학업 능력(논리적 사고력과 지식 습득력)
> 세 번째   직업 능력(직관적 판단력과 지혜의 체득 능력)
> 네 번째   대인관계 능력(커뮤니케이션과 고객 서비스 역량)
> 다섯 번째 조직 능력(매니지먼트 능력과 리더십)

하지만 과거와 달리 '기초 능력'과 '학업 능력'만으로는 분야나 직종을 불문하고 프로페셔널로서 활약하는 인재가 될 수 없는 세상이 되었다. 그리하여 이 두 가지 능력에 더해 '직업 능력', '대인관계 능력' 그리고 '조직 능력'을 익히고 연마하는 것이 필수 불가결하게 되었다.

물론 이제까지는 '기초 능력'과 '학업 능력'이 뛰어난 사람은 '활약하는 인재'는 되지 못하더라도 기업이 '필요로 하는 인재'는 될 수 있었다. 즉, 이 두 가지 능력이 탁월한 사람은 어떻게든 취업의 관문을 뚫고 나갈 수 있었다는 이야기이다. 이는 기업이나 조직이 그들의 '좋은 두뇌'를 인정하고 높이 샀기 때문이다.

하지만 앞으로 다가올 AI 시대에는 '기초 능력'과 '학업 능력'만으로 업무를 수행하는 사람은 머지않아 AI와의 경쟁에서 도태되게 될 것이다. 이 두 가지 능력에 있어 인간은 AI를 절대 이길 수 없어 'AI 실업'을 면하지 못하게 될 것이 명백하기 때문이다. 따라서 AI 실업을 피해가기 위해서는 한층 고차원적인 '직업 능력'을 갖춰야만 한다. 하지만 이 '직업 능력' 중에서도 '직관적 판단력' 영역에서는 인공지능이 '딥 러닝'(심층 학습) 기술의 발전을 통해 몇몇 직업군에서는 인간의 능력을 훨씬 웃도는 수준에 이르게 되었다. 따라서 이 '직관적 판단력'에 대해서도 향후 상당한 직업 분야에서 인공지능이 인간을 능가하게 될 것을 각오해야만 한다. 이런 경우 자신의 직업에 관련된 또 다른 고도의 '직업 능력'을 연마하거나 혹은 한층 고차원적인 '대인관계 능력'이나 '조직 능력'이 필요하게 되는 것이다.

결국 앞으로 다가올 AI 시대에 '활약하는 인재'가 되고 싶다면 '직업 능력', '대인관계 능력', '조직 능력' 이렇게 세 가지 능력을 높은 수준으로 익히고 연마해 가야만 한다는 뜻이다.

에필로그

여기에서 본서는 앞으로 다가올 시대에 인공지능 기술이 아무리 발달하고 사회 전반으로 AI의 보급이 확대된다 하더라도 절대 인간이 도태되지 않을 고도의 '직업 능력', '대인관계 능력', '조직 능력'으로 특히 중요한 다음의 '여섯 가지 능력'을 거론하며 각각의 능력을 익히고 향상시켜 나갈 수 있는 방법에 대해 이야기해 보았다.

연마해야 할 직업 능력	지혜의 체득 능력과 지혜의 멘토링 역량
연마해야 할 대인관계 능력	비언어적 커뮤니케이션 능력과 체험적 공감 능력
연마해야 할 조직 능력	인간의 마음을 매니지먼트하는 것과 성장 리더십

본서의 서두에서 말했듯이 앞으로 다가올 격동의 시대에 우리 인간이 가진 '우수성' 중에서도 특히 중요한 것은 앞으로 도래할 위기를 기민하게 인식해 그에 대한 대비를 할 수 있다는 점이다. 더군다나 머지않아 도래할 AI 시대에는 전례를 찾아볼 수 없을 정도의 엄청난 'AI 실업'이라는 위기가 찾아오게 될 것이다.

따라서 현명한 여러분은 그러한 위기에 대비해 현재의 능력을 한층 향상시키기 위한 노력, 다시 말해 '능력을 단련하는' 노력을 지금부터 시작하기를 바란다.

하지만 사실 이러한 노력의 목적은 '살아남기' 위한 것도, '도태되지 않기' 위한 것도 아니다. 왜냐하면 인터넷 혁명이나 AI 혁명과 같은 '정보 혁명'의 본질은 '인간을 필요로 하지 않는 혁명'이 아니기 때문이다.

그 본질은 '인간이 기계나 컴퓨터로는 대체할 수 없는 보다 고도의 업무에 몰두할 수 있도록 만들어 인간의 능력을 한층 크게 꽃피울 수 있게 하는 혁명'이라는 것이다.

'위기'란 '위험'과 '기회'라는 두 가지 의미를 포함한 단어이다.

앞으로 다가올 AI 시대에 도래하게 될 'AI 실업의 위기'를 독자 여러분은 문자 그대로 '기회'로 삼고, 나아가 '절호의 찬스'로 삼아 본서에서 언급한 '세 가지 능력'을 연마해감으로써 지금보다 훨씬 자신의 역량을 발휘할 수 있는 인재가 되기를 간절히 기원한다.

이 말을 끝으로 독자 여러분과의 만남에 감사하며 이 책을 마무리 짓도록 하겠다.

앞으로 시작될 AI 시대, 여러분의 멋진 활약을 기대하며

감사의 말

책을 한 권 한 권 출간할 때마다 감사의 마음이 깊어짐을 느낍니다.

그 한 권의 책을 완성하기까지 수많은 분들의 도움이 필요하기 때문입니다. 이번 작품 역시 소중한 인연과 많은 분들의 도움으로 잘 마무리 지을 수 있었기에 이 자리를 빌어 감사의 인사를 전하고자 합니다.

가장 먼저 일본 실업 출판사의 나카오 준 편집장에게 감사드립니다. 이 작품을 통해 나카오 씨와는 처음으로 함께 작업하게 되었는데, 제 작품을 깊이 이해해 주신 덕분에 이렇게나 감사한 인연을 맺게 되었습니다.

그리고 제 업무 파트너인 후지사와 쿠미 씨 나이에 구애받지 않고, 당당한 프로페셔널로서 '직업 능력', '대인관계 능력', '조직 능력'을 끊임없이 계발해 나가는 당신의 모습에서 늘 감명받고 있습니다. 감사합니다.

더불어 늘 곁에서 지지해 주고 응원해준 가족들 스미코, 세이노, 토모 늘

사랑하고 고맙습니다.

올해 겨울은 전에 없이 눈을 보기 힘든 따뜻한 겨울이었습니다. 그래서인지 서재의 창문을 통해 보이는 숲 저편에 우뚝 솟은 후지산도 예전 같으면 눈부신 은빛으로 뒤덮여 그 웅장한 자태를 뽐냈겠지만 올해는 조심스럽게 모습을 드러내고 있는 듯 합니다.

조금 있으면 벚꽃이 만발하는 계절이 돌아오겠군요. 테라스에서 바라본 벚꽃은 이미 그 봉우리를 한껏 부풀리고 있는 모습입니다.

마지막으로 이미 타계하신 부모님께 이 책을 바치겠습니다.
"사람은 태어나서 죽을 때까지 온 생애에 걸쳐 배워야만 하는 것들이 있다"
때로 당신 스스로에게 말하듯 읊조리시던 그 말씀…

그리고 그때 그 듬직한 뒷모습이 저에게는 '인간으로서의 성장에 대한 열망'을 가질 수 있는 밑거름이 되어 주었습니다. 그리고 당신의 그 아들은 지금도 두 분의 따뜻한 시선을 등으로 느끼며, 지금까지 걸어왔고 앞으로도 이어질 그 길을 걸어가고 있습니다.

타사카 히로시